VENETIEN FRIAUL

ON TOUR

DIE AUTOREN

DANIELA SCHETAR & FRIEDRICH KÖTHE

haben sich eigentlich auf afrikanische Ziele spezialisiert. Die Geheimtipps zu Venetien und dem Friaul, zwei ihrer bevorzugten europäischen Destinationen, wollten die Münchner Reisejournalisten lieber für sich behalten. Aber dann überwog die Freude am Schreiben über diese Kunst- und Genussregion, und das Ergebnis ist der aktuelle Reiseführer von POLYGLOTT on tour.

Unser E-Book-Code zur elektronischen Erweiterung des POLYGLOTT on tour. Das kostenlose E-Book enthält die im Reiseführer aufgeführten Adressen entlang der Touren, beispielsweise zu Essen und Trinken, Shoppen, Aktivitäten und Hotel-Tipps. Links auf einen externen Kartendienst vereinfachen das Auffinden dieser Adressen.

WWW.POLYGLOTT.DE

6 TYPISCH

20 REISEPLANUNG & ADRESSEN

32 LAND & LEUTE

SEITENBLICK

ERSTKLASSIG

ALLGEMEINE KARTEN

REGIONEN-KARTEN

STADTPLÄNE

SYMBOLE ALLGEMEIN

Erstklassig: Besondere Tipps der Autoren

Seitenblick: Spannende Anekdoten zum Reiseziel

Top-Highlights und Highlights der Destination

TOUR-SYMBOLE

- 1 Die POLYGLOTT-Touren
- 6 Stationen einer Tour
- A1 Die Koordinate verweist auf die Platzierung in der Faltkarte
- a1 Platzierung Rückseite Faltkarte

PREIS-SYMBOLE

	Hotel DZ	Restaurant
€	bis 80 EUR	bis 18 EUR
€€	80 bis 110 EUR	18 bis 30 EUR
€€€	über 110 EUR	über 30 EUR

ZEICHENERKLÄRUNG DER KARTEN

(Seite=Kapitelanfang) beschriebenes Stadtviertel

Sehenswürdigkeiten

Tourenvorschlag

Autobahn

Schnellstraße

Hauptstraße

sonstige Straßen

Fußgängerzone

Eisenbahn

Staatsgrenze

Landesgrenze

Nationalparkgrenze

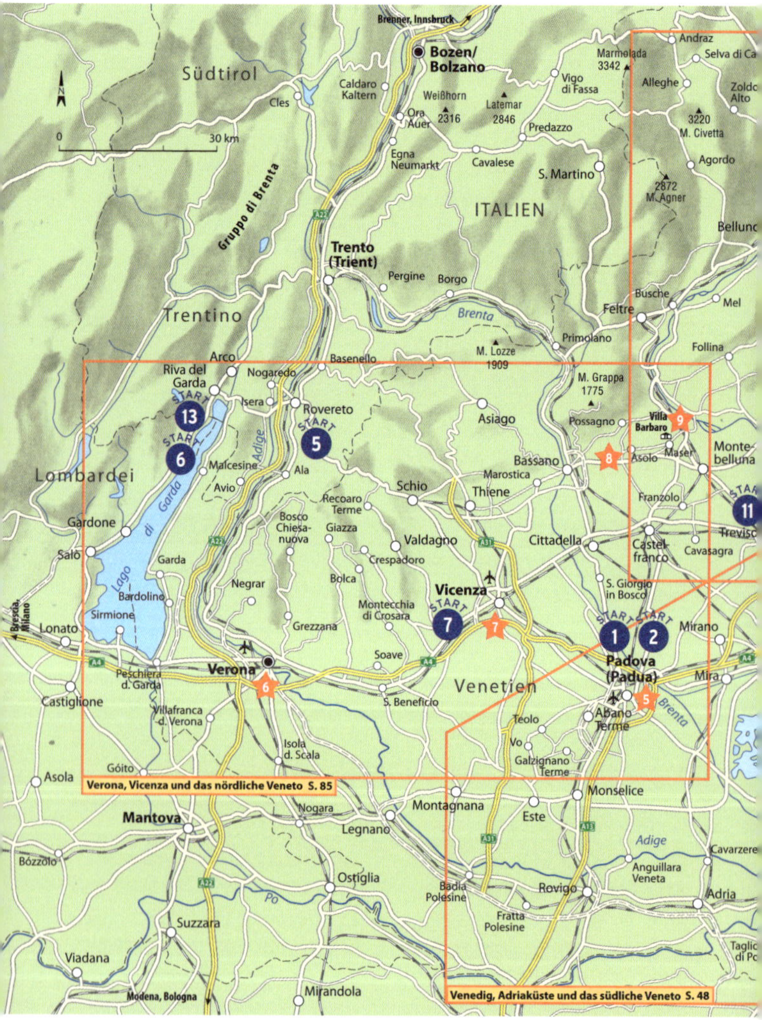

Perfekte Planung > Parallel vordere Klappe aufschlagen

TOP-12-HIGHLIGHTS

Im Valdobbiadene steigert sich das
Feriengefühl Kurve um Kurve

TYPISCH

VENETIEN & FRIAUL SIND EINE REISE WERT!

Kühne Felsspitzen in den Dolomiten und verschlungene Wasserwege im Podelta, die Lagunenstadt Venedig und das römische Erbe in Verona, aromatische Canestrelli-Muscheln und sämige Jota aus dem Karst. Die kontrastreiche Ferienlandschaft lässt Urlauberherzen höher schlagen.

DANIELA SCHETAR & FRIEDRICH KÖTHE wollten die Geheimtipps zu Venetien und dem Friaul, zwei ihrer bevorzugten europäischen Destinationen, eigentlich lieber für sich behalten. Aber dann überwog bei den Münchner Reisejournalisten doch die Freude am Schreiben über diese Kunst- und Genussregion.

Wir Autoren sind ein gutes Beispiel: Sie schwimmt gern, er wandert lieber, sie geht shoppen, er bewundert die Architektur Palladios, sie träumt von einem Wellnesstag im eleganten Strandbad Les Bains am Lido, er paddelt mit dem Kajak durch die Lagune von Venedig, sie bestaunt die Giotto-Fresken in Padua, ihn begeistern Tadao Andos Kunsträume in Venedig. Kein Grund zu streiten, denn in Venetien und Friaul können wir uns all diese Wünsche erfüllen. Und danach der gemeinsamen großen Leidenschaft frönen, dem köstlichen regionalen Essen.

Wenn wir von München aus nach Süden reisen, zeigen Friaul und Venetien mit jedem Kilometer ihre Schönheiten. Kaum ist die Grenze nach Italien passiert, finden wir uns zwischen kühnen Bergriegeln und tief eingeschnittenen Tälern wieder. Wildbäche sprudeln und auf Anhöhen drängen sich Steinhäuser um wehrturmartige Campanile. Dann begleitet uns der Tagliamento breit und behäbig durch die Voralpenlandschaft, die schon bald in eine von Feldern und Zypressen geprägte Ebene übergeht, während im Osten die Ausläufer des Collio von der nahen slowenischen Grenze und großen Weinen künden. Auf Höhe des oft unterschätzten Udine meint man die Adria schon zu riechen, aber sie ist noch 40 Kilometer entfernt. Doch dort, wo die Autobahn sich in Richtung Triest oder Venedig teilt, kommt sie bald in Sicht, als silbrig schimmerndes Band, das sich in Lagunen und Sandzungen verliert – die Geburtsstätte Venedigs! Wer sich der Serenissima über die endlos scheinenden Lidos von Bibione, Caorle und Jesolo nähert, erkennt Zweierlei: In dem Labyrinth aus Inseln und Wasserstraßen konnten sich die Venezianer sicher fühlen vor feindlichen Angriffen. Vor dem Ansturm der Sonnenhungrigen auf die Strände bewahrte allerdings niemand die Küste. Bis heute tun sich die Verantwortlichen schwer, Venedigs Schätze und morsche Pfähle vor Touristenmassen bzw. den Bugwellen der Kreuzfahrtschiffe zu schützen.

Auch die anderen mit Kunstschätzen gesegneten Städte balancieren auf dem schmalen Grat zwischen Geld verdienen und Erbe bewahren. Nur wenige Minuten darf jeder Besucher Giottos Freskenpracht in der Cappella degli Scrovegni bewundern, dann muss er der nächsten Gruppe weichen. Aber die Feuchtigkeit des Atems bleibt. Veronas Verwaltung kämpft gegen Kaugummi, mit dem Liebeswünsche an die Casa di Giulietta geklebt werden. Im Naturpark des Podeltas sind Motorboote verboten – doch kümmert das den Speedbootfahrer vom benachbarten Campingplatz?

Die stille Schönheit begegnet Reisenden bei Wanderungen durch idyllische friulanische Täler, beim Windsurfen auf dem Gardasee oder beim Radeln in den Colli Euganei. Die Spuren des wirtschaftlichen Erfolgs trägt das zersiedelte Hinterland von Venedig. Venetien und Friaul zählen zu den ökonomisch stabilsten Provinzen Italiens mit geringen Arbeitslosenquoten. Das Veneto, wie Venetien italienisch heißt, linst gern nach rechts und wählt

Piazza Signori in Vicenza

populistisch, etwa die Lega. Auch das traditionell liberalere Friaul, auf Italienisch Friuli-Venezia Giulia, bescherte der Lega 2018 einen Sieg.

Die majestätischen Landschaften, die vielen Welterbestätten, spannende Museen und Kunstschätze – selbst in der kleinsten Dorfkirche – genug? Nein! Die kulinarischen Traditionen sind ebenso vielfältig wie Kultur und Natur. An der Küste dominiert mediterrane Fischküche. Slawische und österreichische Einflüsse prägen die Gerichte des Friaul. In den alpinen Regionen wird kalorienreich und deftig gekocht. Die Edelrestaurants in den Städten orientieren sich an den internationalen Trends. Dazu gesellt sich ein Potpourri bester Weine, Olivenöle und Edelbrände. Eins ist allen gemein: die frischen, regionalen Zutaten. Ob Muscheln oder Pilze, Spargel oder Trüffel, Bohnen oder Mais – ein Koch, der nicht die besten Produkte verwendet, hat verspielt. Das weiß auch Ami Scabar, unsere Lieblingsköchin aus Triest. Bei einem Überraschungsbesuch mit nur wenig Zeit zauberte sie für uns spontan aus sechs Eiern, einem Pfund wildem Spargel, ein paar Scheiben Pancetta und etwas gehobeltem Trüffel eine so zarte und luftige Frittata, dass wir sie in winzigen Bissen aßen, um den Genuss zu verlängern. Amis Geheimnis sind die frischen, morgens auf dem Markt eingekauften Zutaten. Und das Olivenöl von Starec, einem befreundeten Olivenbauer im Hinterland von Triest. Ein paar Tropfen nur auf der Eierspeise, und der Gourmet-Himmel öffnete sich: *buon appetito!*

Prickelnd wie ein Gläschen Prosecco – Venetien

WAS STECKT DAHINTER?

Die kleinen Geheimnisse sind oftmals die spannendsten. Hier werden die Geschichten hinter den Kulissen erzählt.

WARUM STEHT VENEDIG AUF PFÄHLEN?

Über die Hälfte der Stadt Venedig erstreckt sich über Sumpfland und Inseln. Ausgehend von der Insel Malamocco, auf die die Festlandsbewohner vor der Völkerwanderung des 5. Jhs. flüchteten, besiedelte die expandierende Handelsmacht 118 Inseln und Inselchen, größtenteils sumpfiges Gelände. Doch der Boden darunter war fest, so stabilisierte man die Bauten, indem man Pfähle in den stabilen Grund trieb. Darauf bildeten Holzbohlen und Ziegel das Fundament, auf dem die Häuser aus hohlen Tonziegeln aufgemauert wurden, um die Belastung möglichst gering zu halten. Für die mehreren Millionen Pfähle im Lagunensumpf verloren u. a. die kroatischen Inseln, damals Venedig untertan, ihre Wälder.

WAS PASSIERT MIT JULIAS POST?

Die Casa di Giulietta in Verona leert ihren Briefkasten regelmäßig. Eine Damenrunde nimmt sich der Post an und beantwortet die Briefe verzweifelt Liebender an Julia. Das war keine Erfindung der Autoren Lise und Ceil Friedman, deren Roman Regisseur Gary Winick 2010 mit dem Spielfilm »Letters to Juliet« inszenierte. Nein, den *Club di Giulietta* gibt es tatsächlich, und zwar bereits seit Georges Cukor 1936 mit der Verfilmung von Shakespeares Drama eine Julia-Manie auslöste. Die Veroneser Post wurde mit Briefen an Julia überschwemmt, bis jemand die Initiative ergriff. Heute bearbeiten zehn Festangestellte und viele Ehrenamtliche rund 10 000 Briefe, die jedes Jahr aus aller Welt an Julia geschickt werden. Handschriftlich, das wirkt persönlicher.

WAS BEDEUTEN DIE GRÜNEN BÜSCHEL AM TOR?

Wenn Sie in Friaul auf solche Büschel stoßen, dann hängt das frische Grün wahrscheinlich am Tor eines Bauernhofes, der sich damit als *Osmiza* zu erkennen gibt. Sie sind hier herzlich willkommen. Denn wie die österreichischen Buschenschänken sind sie eine Institution der Grenzregion zwischen Italien und Slowenien, also des östlichen Friaul. Der Name leitet sich vom slowenischen *osem* (acht) ab: Acht Tage im Jahr dürfen die Betreiber dieser periodischen Weinlokale auf ihrem Hof Wein ausschenken und einfache Gerichte der bäuerlichen Küche wie Schinken, Käse oder die typische Bohnen-Sauerkraut-Suppe aus dem Karst, die *jota,* servieren. Wer nicht einfach drauflosfahren möchte, kann auf den Webseiten der lokalen Tourismusverbände sehen, welche *Osmiza* geöffnet hat

50 DINGE, DIE SIE ...

Hier wird entdeckt, probiert, gestaunt, Urlaubserinnerungen werden gesammelt und Fettnäpfe clever umgangen. Diese Tipps machen Lust auf mehr und lassen Sie die ganz typischen Seiten erleben. Viel Spaß dabei!

... ERLEBEN SOLLTEN

1 Paddeln in den Kanälen Einen ganz eigenen Blick auf Venedigs Palazzi werfen Sie bei einer Kajaktour durch die Lagunenstadt, z. B. bei der Tour »Just a Glance« von Le Favette Venezia L10 (ca. 30 Min., 50 €/Pers.; Cannaregio 5823/25, Corte Morosina, www.venicebywater.com).

2 Blick in die Schlucht Höhepunkt der einfachen 2-Std.-Wanderung Sentiero del Dint entlang der Schlucht Forra del Cellina ist auf halber Strecke der Sky Walk M4: Die Plattform über dem Canyon erlaubt durch den Glasboden einen schwindelerregenden Blick in die Tiefe (ab Ponte Antoi/Barcis, Pordenone, www.riservaforracellina.it).

3 Birdwatching Von der Tenuta Ca' Zen › S. 55 führen erfahrene Guides zur Vogelbeobachtung ins wasserreiche Podelta – so entgeht Ihnen bestimmt kein Wanderfalke, Grau- oder Silberreiher.

4 Insel-Hopping Abwechselnd per Rad und auf Fährschiffen der Linea 11 vom Lido nach Süden über

Achtung, Kajak voraus! Dem Wasser und Venedig ganz nah

Pellestrina bis Chioggia – die 40 km lange Tagestour kombiniert Kultur, Baden und Einblicke in den ländlichen Alltag der Lagune (Radverleih: Lidoonbike L10, Gran Viale Santa Maria Elisabetta 21B, Lido, Tel. 04 15 26 80 19, www.lidoonbike.it, 10 €/Tag).

5 Talfahrt Auf dem Alpine Coaster M5 1000 m ins Tal von Piancavallo zu rasen verspricht Adrenalin pur (Promotur Piancavallo, Piazzale Tremol, www.promotur.org, Aug. tgl. 9.30–17, Juni/Juli, Sept. Sa/So 9–17.30 Uhr).

6 Klettern statt beachen Hoch hinaus geht es im Hochseilpark des Parco Avventura Unicef O8, nur wenige Schritte vom Strand (Via dell'Industria 115, Lignano Riviera, www.parcoavventuralignano.it, Sommer tgl. 9 Uhr bis Sonnenuntergang).

7 Liebesdienst in Verona Und wenn's nur für einen Tag ist: Sie dürfen Briefe beantworten, die Liebeskranke aus aller Welt an Julia schreiben – beim Club di Giulietta D11 (mit Voranmeldung: www.julietclub.com).

8 Hundeschlittentour Die Scuola Internazionale Mushing S1 bringt Ihnen bei, gezogen von Huskys, durch die märchenhafte Winterlandschaft des Friaul zu gleiten (Via Verdi 21, Fusine in Valromana, Tarvisio, www.ararad.net, 30-Min.-Tour ca. 30 €).

... PROBIEREN SOLLTEN

9 Venezianische Mittagspause Ein Glas Wein im Stehen, dazu ein

Nicht nur in Verona wird Julia geliebt

paar *cicchetti* (geröstete Brotscheiben) mit *prosciutto* (Schinken), *al baccalà* (Stockfisch) oder *alle sarde in saor* (Sardinen) – ein Genuss für alle Sinne z. B. im All'Arco c6 (San Polo 436, Rialto, Mo–Sa 8–15 Uhr).

10 Schinken Eine Delikatesse des Friaul ist der fein gemaserte, unendlich zarte Prosciutto d'Osvaldo, wie der bei Alimentari Tomadin › S. 136 in Cormons (ca. 3,50 €/100 g).

11 Multikultureller Wein In Edi Kebers › S. 119 »Collio« finden Italien und Slowenien, romanische und slawische Traditionen sowie Gebirge und Meer zueinander, denn seine Reben stehen im Grenzgebiet von Collio und Goriška Brda. Also zwei Länder und Landschaften in einer Flasche (um 14 €).

Eine gute Frittata ist unkompliziert in der Zubereitung, aber raffiniert im Geschmack

12 Hohe Kunst der Einfachheit Ein Omelett und eine echte Frittata haben nur das Ei gemein. Ami Scabar › S. 132 in Triest bereitet sie z. B. mit wildem Spargel und Trüffel zu (um 15 €).

13 Soave in Soave In der Enoteca del Drago › S. 105 können Sie 30 verschiedene Sorten des Weißweins probieren. Wir empfehlen einen Cà Rugate Bucciato (0,5 l für 14 €).

14 Torte mit Mandeln Die *torta di mandorle,* eine friulanische und sehr gehaltvolle Süßspeise, sollten Sie sich in der Pasticceria Le Strane Delizie O4 servieren lassen (www.pasticcerialestranedelizie.it, Piazza Borgolucido, Spilimbergo).

15 Cappuccino gefällig? Lassen Sie sich von den Aromen der 120 Kaffeesorten verführen, die in Veronas Caffè Tubino (auch: Borsari) › S. 97 den besten Cappuccino der Stadt versprechen.

16 Preisgekrönter Prosecco Für eine Kostprobe des exzellenten *Cirotto Asolo superiore docg Prosecco Millesimato Extra Dry* empfehlen wir die Botéga de' Vin J7 in Asolo (Via Schiavonesca Marosticana 14, www.cirottovini.com, Di–So 9–12.30, 16–19.30 Uhr, Flasche 23 €).

17 Dolci mitteleuropei Eine für Triest typische Auswahl an Kalorienbomben hält die Pasticceria La Bomboniera › S. 129 parat: *strudel,* *krapfen* und *chiffeletti* (Kipferl), *dobos* und *putizza*, Linzer- und Sachertorte.

18 Olivenöl Für die Wahl eines *olio extra vergine di oliva* verkostet man am besten, z. B. bei Olio & Olive › S. 112 in Vicenza, mehrere italienische Öle, denn der Geschmack ist sehr vielfältig: Ein leichter Duft von Gras, Nuancen von Salbei, grünen Mandeln, Apfel und Zitrusfrüchten dürfte perfekt zu Fisch passen.

19 Muscheln in weißem Kleid Selten auf der Speisekarte zu finden sind weiße Canestrelli-Muscheln, die sowohl gebacken als auch frittiert schmecken, z. B. in der Trattoria al Faro › S. 69 in Caorle (Antipasto mit Canestrelli um 11 €).

20 Triestinisch Panierte und frittierte Sardellen, *alici impanate*, sollten Sie im Ristorante ai Fiori › S. 132 in Triest bestellen, denn dort geraten sie besonders fein – und sind hier nicht wie anderswo oft mit Frittierfett vollgesogen.

… BESTAUNEN SOLLTEN

21 Weites Land Vom Campanile der ehrwürdigen Basilika von Aquileia › S. 72 schweift der Blick über die von Zypressen bestandene Ebene bis zum zerfurchten Bergriegel der Karnischen Alpen (April bis Sept. 9.30–13.30, 15.30–18.30 Uhr).

22 Barocke Inbrunst Jacopo Tintorettos Gemäldezyklus mit Motiven aus dem alten Testament, der Mosesgeschichte und dem Leben des hl. Rochus in der Sala Capitolare der Scuola Grande di San Rocco › S. 63 in Venedig ist fantastisch.

23 Schlucht des Natisone Vom Ausgang des Tempietto Longobardo in Cividale › S. 137 sind es wenige Schritte zu einer kleinen Aussichtsterrasse, die einen spektakulären Blick über das tiefe Flusstal des Natisone eröffnet.

24 Ali Babas Haushalts-Höhle Chaos oder fantastische Auswahl? Der Haushaltswarenladen Podrecca › S. 132 in Triest ist beides und die Vielzahl nützlicher und unnützer Dinge einfach überwältigend.

25 Heilige Drei Könige Die Fassade des Doms von Gemona del Friuli › S. 124 erzählt vom Besuch der drei

Santa Maria Assunta in Aquileia

Seerosen zieren die Teiche im Parco Giardino Sigurtà

Weisen aus dem Morgenland – rechts von der Marienstatue sind sie unterwegs nach Bethlehem, links bei der Anbetung des Christkinds zu sehen. Und ganz links warten ihre drei Pferde!

26 Gartenbaukunst Buchsbaumfantasien, Teichlandschaften, Kräutergärten, Labyrinthe und Rosenalleen – im Parco Giardino Sigurtà B11 bei Valeggio sul Mincio treibt die Gartenbaukunst die schönsten Blüten (www.sigurta.it, April–Sept. tgl. 9–19, März, Okt./Nov. bis 18 Uhr, Eintritt 14 €).

27 Hl. Antonius von Padua Drei der Fresken in der Scuola del Santo › S. 78 zum Wirken des Heiligen malte der junge Tizian, der sich bei »Das Wunder des geheilten Jünglings« (1511) bereits als Meister der Farbkomposition – man achte auf das Rot – zeigt.

28 Sundowner Sie sollten rechtzeitig einen Platz auf der Terrasse des Lineadombra › S. 65 in Venedig reservieren, ein Glas Sprizz (5 €) bestellen und dann zusehen, wie die untergehende Sonne die Giudecca rot, rosé, pink aufleuchten lässt.

29 Jubilierender Carpaccio Musik und Kunst vereinen sich in Venedigs hochbarocker Kirche San Vidal: Lauschen Sie einem Vivaldi-Konzert der Interpreti Veneziani

› S. 65, und bewundern Sie dabei Vittorio Carpaccios Gemälde vom hl. Vitale.

30 Wie einst die Fischer Blicken Sie vom Karstabbruch bei Santa Croce › S. 121 oberhalb von Schloss Miramare hinunter auf die glitzernde Adria. Thunfischschwärme zeigen sich heute nicht mehr, dafür Jachten und Kreuzfahrtschiffe.

31 Der Künstler als Heiliger Giovanni Antonio da Pordenone setzte sich im Dom San Marco › S. 146 selbst ein Denkmal – als gut gebauter Pestheiliger Rochus, den Sie auf den Fresken am rechten Vierungspfeiler bewundern können.

… MIT NACH HAUSE NEHMEN SOLLTEN

32 Grappa aus Muskattrauben Den feinen Grappa di Moscato bekommen Sie in der bestens sortierten Enoteca da Loris › S. 82 in Arquà Petrarca (Flasche ca. 40 €).

33 Essigkunst Joško Sirk › S. 136 in La Subida hat eine große Leidenschaft: Essig. Er destilliert ihn direkt aus der Traube – ein raffiniertes Mitbringsel mit intensivem Aroma (250 ml, 12 €).

34 Viele bunte Bohnen Zu Hause gibt es *Fagioli Lamon del Papa, Corona, Spagna, Canellini* oder *Borlottini* kaum und auf keinen Fall so günstig. Phänomenal hingegen ist das Angebot der Bottega del Porcino › S. 115 in Bassano del Grappa – also gleich einen Vorrat für zu Hause anlegen.

35 Pantoffelhelden In der Casa della Pantofola › S. 100 in Verona finden Reisende garantiert ihr Lieblingsstück für die von der Stadtbesichtigung strapazierten Füße

36 Edles Papier Von Hand geschöpft und bedruckt – das Papier von Il Prato › S. 65 in Venedig ist ein kostbares Souvenir.

37 Kult im Outlet Bei Bialetti im Outlet Village › S. 141 in Palmanova können Sie den legendären Moka Express für das italienische Flair zu Hause schon für 20 € erstehen.

38 Knoblauch auf Porzellan Spezialität der Keramikkünstler aus Este sind Naturmotive auf Tafelservice und Geschirr. Handgemalt und

Säckeweise Bohnenvielfalt

unbezahlbar – es sei denn, Sie ergattern im Fabrikverkauf › S. 84 ein Schnäppchen, ein Knoblauchschälchen für 30 € beispielsweise.

39 Prosecco-Cartizze Den seltenen Tropfen gibt es nur dort zu kaufen, wo er gekeltert wird, z. B. bei Bisol J6 in Santo Stefano di Valdobbiadene (Via Follo 33, www.bisol.it; ca. 30 €/Flasche).

40 Muranoglas Die Schwestern Marina und Susanna Sent L10 stammen aus einer alten Glasmacherfamilie in Murano und kreieren jetzt modernen schicken Schmuck wie die Bubble-Halskette (Fondamenta Serenella 20, Murano, Tel. 04 15 27 46 65, www.marinaesusannasent.com, ca. 100 €).

Den seltenen Prosecco-Cartizze offeriert Bisol in Santo Stefano di Valdobbiadene

... BLEIBEN LASSEN SOLLTEN

41 Bora unterschätzen Ein milder Spätherbst an der Triestiner Riviera? Wenn Sie Glück haben, ja! Aber reisen Sie nicht ohne Mütze und Daunenjacke – denn stürmt die Bora, dann wird es mitunter plötzlich bitterkalt.

42 Autofahren ohne Licht Auf Autobahnen und außerorts gilt auch tagsüber die Pflicht, das Abblendlicht einzuschalten.

43 Rollkoffer in Venedig Das schwere Gepäck über all die Stufen, Brücken und Holzbohlen hinter sich her zu ziehen macht wenig Freude! Die Stadt prüfte ein Verbot der Rollkoffer mit Plastik- und Hartgummirädern wegen Lärmbelästigung. Aber auch mit luftgefederten Reifen machen sie wegen der vielen Brückentreppen wenig Spaß.

44 Reservierung vergessen In der Cappella degli Scrovegni › S. 79 in Padua haben Sie ohne Reservierung keine Chance, einen Blick auf Giottos wundervolle Fresken zu werfen!

45 Sonnentop in der Kirche Auf korrekte Kleidung, die Schultern und Oberarme sowie Beine züchtig bedeckt, wird beim Kirchenbesuch streng geachtet.

46 Venedig im Sommer Selbst wenn die Biennale ruft, im Sommer macht Venedig keine Freude –

Ein Besuch der von Giotto bemalten Arena-Kapelle in Padua muss früh geplant werden!

Frühjahr und Herbst sind entschieden die besseren Reisezeiten.

47 Essen ohne Vorspeise Essen gehen bedeutet, dass man mindestens Antipasto, Primo und Dessert bestellt. Aber selbst das würde man in guten Restaurants missbilligen, denn das Secondo gehört ja unbedingt dazu!

48 In der Caffè-Bar hinsetzen Wenn die Füße nicht schmerzen, sondern Sie nur Lust auf einen Espresso haben, dann trinken Sie ihn lieber im Stehen an der Bar – der Genuss im Sitzen am Tisch kostet nämlich doppelt so viel.

49 Italiens Schulden ansprechen Selbst wenn der italienische Haushalt aus mitteleuropäischer Sicht gegenüber den EU-Partnern noch so verantwortungslos erscheint: Italien lässt sich ausgesprochen ungern von deutschen Musterschülern belehren.

50 Quittung vergessen »Il scontrino per favore« – den Satz sollten Sie sich merken, denn wer nach einem Einkauf oder auch nur einem Espresso im Umkreis von 100 Metern Entfernung keine Quittung vorweisen kann, könnte Probleme mit der Guardia di Finanza bekommen – und eine Geldstrafe.

Gute Kondition benötigen Mountainbiker bei einer Tour in den Dolomiten

REISEPLANUNG & ADRESSEN

DIE REISEREGION IM ÜBERBLICK

Zwischen der traumhaften Lagune von Venedig und den zackigen Gipfeln der Friulischen Dolomiten präsentiert sich der Nordosten Italiens in landschaftlicher und kultureller Vielfalt.

Auf kleinem Raum finden Reisende atemberaubende Kunstschätze und Architektur in Städten wie Venedig, Padua, Vicenza oder Verona, stilles Naturerleben in den Weiten des Podeltas oder der Lagune von Grado, auf den Hochebenen des Karstes und auf Klettersteigen der Alpen, quirliges Strandvergnügen an Adria oder Gardasee sowie kulinarische Genüsse, in denen italienische mit slawischen wie österreichischen Traditionen harmonieren.

Venedig, die Adriaküste und das südliche Veneto bilden das Highlight der Region. Die Serenissima mit ihren überwältigenden Kunstschätzen, den grandiosen Palazzi, Kirchen und Museen zu erfassen – dafür werden Sie mehr als eine Reise benötigen; aber auch schon ein kurzer Aufenthalt gibt eine Ahnung vom Zauber der Lagunenstadt. Eigenwillig wirkt im Kontrast dazu die Lagunenlandschaft zwischen Chioggia und Grado. Die Grenzen

Still ruht der Lago del Predi in den Julischen Alpen

von Land und Meer scheinen aufgehoben, und gäbe es da nicht das bunte Treiben der Badeorte, man empfände die Region als aus der Zeit gefallen. Mit Padua birgt das südliche Veneto einen weiteren kulturellen Schatz. Und dass auch der Körper zu seinem Recht kommt, dafür sorgen die Kurbäder der Colli Euganei nach allen Regeln der Wellnesskunst.

Verona, Vicenza und das nördliche Veneto bilden einen landschaftlichen wie kulturellen Kontrapunkt: Hügelland und Gebirge staffeln sich gen Norden zu den südlichen Ausläufern der Alpen. Verona ist geprägt von den Bauten der Römer und der Scaliger und geschäftiges Wirtschaftszentrum mit lebhaftem Flair und reizvollem Shoppingangebot, umgeben von den Weinstraßen um Soave und Valpolicella. Der nahe Gardasee verspricht Badespaß, Wassersport- und Wandermöglichkeiten. Vicenza steht architektonisch ganz im Zeichen des großen Palladio, dessen Bauten in der Stadt, genau wie die Villen in der Umgebung, das Genie dieses Ausnahmekünstlers spiegeln. Genießer sollten einen Abstecher nach Bassano del Grappa unternehmen, der Heimat des gleichnamigen Edelbrandes aus Trester.

Mit **Triest, Friaul und den südöstlichen Dolomiten** grenzt Italien an Österreich und Slowenien. Die Einflüsse beider Kulturen sind hier in Sprache, Architektur und Speisekarte nicht zu übersehen. Als eine der wenigen Städte an der östlichen Adria war Triest Venedig nicht untertan. Geprägt hat es Habsburg, das dem Besucher nicht nur in der Architektur, sondern auch in den Triestiner Kaffeehäusern begegnet. Der Karst hält die Stadt in herber Umarmung gefangen, beschert ihr die eisigen Winde der Bora im Winter und glühende Hitze im Sommer. In den Namen von Dörfern, Weinkellern und in der Küche lebt der slawische Einfluss fort. Udine mit seiner venezianischen Piazza della Libertà ist die mediterran wirkende, ehemalige Hauptstadt Friauls, und in Tolmezzo beeindruckt die majestätische Bergwelt der Karnischen Alpen. Dazwischen locken Kunst sowie kulinarische Genüsse in San Daniele, Treviso und den vielen anderen Städtchen und schließlich das einmalige Wanderparadies der südöstlichen Dolomiten.

KLIMA & REISEZEIT

KLIMAREGIONEN

Im Friaul und in Venetien begegnet das milde Mittelmeerklima der Küstenregionen den harscheren Bedingungen des Gebirges. Eine besondere Konstellation trifft der Reisende in der Karstregion an, wo der trockene Fallwind aus dem Nordosten, die *bora,* im Herbst und Winter mit schneidend kalten Böen von bis zu 150 km/h über die Hochebene und durch Triest bläst.

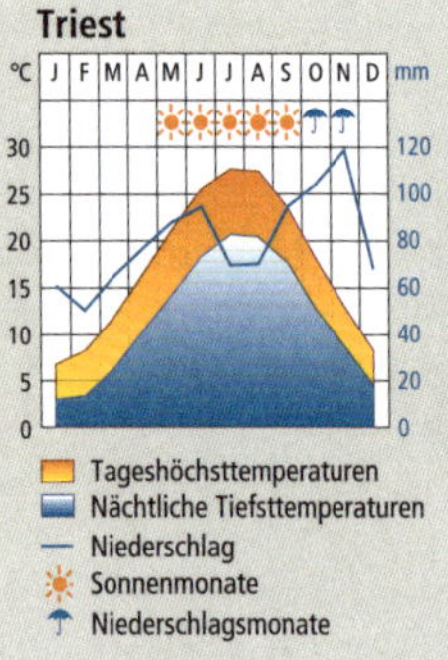

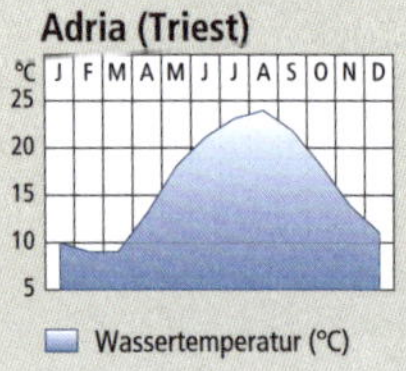

Am schönsten ist es im Frühling, wenn ein Schleier von Pfirsichblüten über dem saftigen Wiesengrün schwebt und in der klaren Luft das Schneepanorama der Alpen über die Ebene strahlt. Allerdings sind Regengüsse in dieser Zeit keine Seltenheit, und häufig meldet Venedig dann *acqua alta* – Hochwasser.

Der Hochsommer ist oft diesig, und jeder stöhnt über die *afa,* die bleierne Schwüle, die auf dem Land lastet, wenn der *scirocco* die feuchte Wärme bringt. Im Herbst kann man noch lange die wärmenden Strahlen der Sonne und den milden Glanz des Lichts genießen.

Der Winter dagegen ist oft ausgesprochen ungemütlich. Häufig begleiten ihn dichter Nebel und Regen und manchmal die kalte *tramontana,* ein Schneewind aus den Alpen. Die Ferienorte in den Bergregionen freuen sich über reichlichen Schneefall und Sonne für die Wintersportler.

FERIEN & FESTE

Wie neidisch sind deutsche Schulkinder auf Italiener, die sich ganze drei Monate in die Sommerferien verabschieden dürfen. Zwischen Anfang/Mitte Juni und Anfang/Mitte September wird, mit kleinen Unterschieden von Region zu Region, die Freizeit genossen – bevorzugt natürlich am Meer. Der Höhepunkt der Ferienzeit beginnt im Juli und endet an *ferragosto* bzw. dem Wochenende danach. Italiens höchster Marienfeiertag, der 15. August, läutet den Rückzug vom Meer ein. Die Strände leeren sich, und ab Ende August sinken auch die Hotelpreise – dann beginnt die ideale Reisezeit für ruhebedürftige Mitteleuropäer.

Das Eventkarussell dreht sich in dieser kulturell bedeutenden Region das ganze Jahr, angefangen beim venezianischen Karneval über das Tortellinifest in Valeggio sul Mincio, die Opernfestspiele von Verona, die Biennale und die Regata Storica in Venedig bis hin zur Karsthochzeit in den Dörfern über Triest. Es wird also für jeden Geschmack etwas geboten. Vielfältig und nicht immer geschmackssicher ist das Angebot an Misswahlen und Schaumpartys in den Ferienhochburgen am Meer. Mit besonderer Inbrunst begehen die norditalienischen Christen die Patronatstage ihrer Kirchenheiligen und allem voran die Marienfeste. Wenn Sie die Gelegenheit haben, einem solchen Fest beizuwohnen, dann tun Sie dies bitte mit gebührender Rücksicht und in angemessener Kleidung.

ANREISE

Mit dem Flugzeug erreichen Sie die Flughäfen von Venedig, Verona und Triest von verschiedenen deutschen, österreichischen und Schweizer Flughäfen aus.

Neben Lufthansa (www.lufthansa.com) und Air Dolomiti (www.airdolomiti.de) gibt es mittlerweile mehrere Charterfluglinien, die zu sehr günstigen Preisen in die Region fliegen, z.B. Ryanair von diversen deutschen Flughäfen nach Venedig-Treviso (www.ryanair.com). Es lohnt sich, die Flugpläne und die Tarife der verschiedenen Fluggesellschaften zu vergleichen. Auskunft geben u. a. die Websites www.eurowings.com und www.tuifly.com.

Eine der Hauptrouten der **Bahn** von Deutschland nach Italien führt über Verona mit Kurswagen nach Padua und Venedig. Große und kleine Städte zwischen Trient und Triest verbindet ein dichtes Eisenbahnnetz. Infos dazu auf www.bahn.de und www.trenitalia.com (ital., engl.). Wer einen günstigen Bahntarif ergattern möchte (z. B. Europa-Spezial Tagesverbindung einfach ab 39 €), der sollte Wochen, wenn nicht Monate im Voraus ein Ticket kaufen. Infos erhält man bei Reisebüros oder auf der Website der Deutschen Bahn (www.bahn.de).

Busse der Deutschen Touring (www.eurolines.de) oder von Flixbus (www.flixbus.de) fahren mehrmals in der Woche von diversen Städten aus u. a. nach Verona, Abano Terme, Montegrotto Terme, Padua und Venedig.

Der schnellste Weg mit dem **Auto** führt meist über den Brenner und auf der A 22 über Trient nach Verona, von dort über die A 4 nach Venedig und Triest. Je nach Ausgangspunkt kann auch die Anreise durch die Schweiz und den Gotthardtunnel bzw. über den Gotthardpass, an Mailand vorbei, sinnvoll sein. Die A 23 verbindet Österreich (Villach) über Tarvisio mit Friaul und Udine und mündet in die Autobahn Venedig–Triest.

REISEN IM LAND

MIT DEM AUTO

Italiens Autobahnen sind mautpflichtig. Über bargeldloses Zahlen, etwa mit der **Viacard,** informiert die Website www.tolltickets.com. Das Straßennetz ist gut ausgebaut; auf den teils sehr verkehrsreichen Staatsstraßen im Veneto kann es in den Stoßzeiten zu langen Staus kommen. Fahrzeuge müssen mit Warndreieck und Warnwesten ausgestattet sein (anzulegen bei Verlassen des Fahrzeugs außerhalb geschlossener Ortschaften). Außerhalb geschlossener Ortschaften ist das Abblendlicht einzuschalten (ersatzweise Tagfahrlicht). Die Mitführung der Grünen Versicherungskarte wird empfohlen. Die Promillegrenze liegt bei 0,5 (Fahranfänger 0,0). Die Innenstädte sind teilweise für Privatfahrzeuge gesperrt. **Parken** ist fast überall kostenpflichtig; bei längerem Aufenthalt sollte der Pkw auf einem bewachten Parkplatz abgestellt werden. Folgende **Tempolimits** gelten: auf Autobahnen max. 130 km/h (150 km/h bei entsprechender Beschilderung), auf Land- und Schnellstraßen 90 km/h, innerorts 50 km/h. Den italienischen **Automobilklub ACI** erreicht man unter Tel. 80 31 16, www.aci.it (24-Std.-Service).

In allen größeren Orten finden Sie Vertretungen internationaler wie nationaler **Mietwagenfirmen.** Prüfen Sie das Fahrzeug bei der Übergabe genau, besonders auf kleine Blechschäden, und lassen Sie diese erfassen, um Haftungsprobleme bei der Rückgabe auszuschließen. Es empfiehlt sich, einen Mietwagen schon von daheim zu buchen, die Tarife sind oft wesentlich günstiger (Vergleichsportal: www.billiger-mietwagen.de). Auch die Airlines bieten mitunter kombinierte Angebote an.

MIT BUS & BAHN

Die Fahrt mit Zug und Bus ist, verglichen mit deutschen Preisen, noch immer günstig. In Italien operieren zahlreiche private Busgesellschaften; erkundigen Sie sich bei den Tourismusbüros vor Ort über günstige und schnelle Verbindungen. An das Schienennetz sind auch abgelegene Orte angebunden; allerdings ist dann teils mit langen Fahrt- und Umsteigezeiten zu rechnen. Im Internet können Sie sich auf der Website www.trenitalia.com über die einzelnen Verbindungen informieren. Sollte der Fahrkartenschalter geschlossen sein: Auch viele Tabacchi-Läden verkaufen Bahntickets. Bei Nachlösung im Zug wird ein hoher Strafzuschlag fällig.

TAXI

Taxis finden Sie an den ausgewiesenen Standplätzen, oder sie halten ein vorbeifahrendes Fahrzeug an. Nutzen Sie nur die offiziell zugelassenen Taxis. Die Tarife liegen leicht unter den bei uns üblichen; für Gepäckstücke und Nachtfahrten wird ein Zuschlag erhoben.

»TRIEST IST EINE FRAU«

Köchin Ami Scabar und ihr Bruder Giorgio schätzen regionale Kost und Weine

»Trieste è una donna« – das Zitat des Triestiner Poeten Umberto Saba trifft auf Ami Scabar zu: Spitzbübisch blitzen ihre Augen unter schwarzen Locken hervor, während sie mit leichter Hand den Risotto rührt und ihn ab und an mit einem Schluck *Vitovska*, dem herben Weißwein aus dem Karst, bereichert. Was Ami Scabar in der Küche ihres vielgelobten Restaurants auch zubereitet, wirkt fast beiläufig. Und es hindert Ami nicht daran, nebenbei zu plaudern. Temperamentvoll, in Italienisch mit dem Personal und Slowenisch mit Bruder Giorgio, der als Sommelier für die feine Auswahl von Weinen aus dem Karst verantwortlich zeichnet. Deutsch ginge auch, aber nicht ganz so flüssig wie die beiden Muttersprachen.

Amalia Scabar steht wie ihr Bruder für das Besondere von Triest und der Karstregion: Drei Kulturen, die italienische, slawische und österreichische, vereinen sich hier. Das spiegelt sich nirgends so anschaulich und gut verdaulich wie in der Triestiner Küche und damit auch in Amis Restaurant. der Geschmack der Region, »L'espressione del territorio«, sagt Ami, sei ihr das Wichtigste. Und dazu gehört natürlich die absolute Frische der Zutaten, ganz gleich, ob wilder Spargel oder Trüffel aus Istrien, Kvarner Scampi von der Insel Cres, Wild aus dem nahen Slowenien, der in einer Karsthöhle gereifte Käse von Dario Zidarič oder das Olivenöl von Sancin. Slawische und italienische Namen und Schreibweisen sind wild gemixt in der Karstregion – und finden in Triest zusammen.

Als die Eltern Scabar 1967 das Restaurant eröffneten, studierte Ami Ökonomie. Danch arbeitete sie in der Wirtschaft. Doch ihre große Leidenschaft gehörte immer dem Kochen. So kam es, dass sie 1984 das elterliche Restaurant übernahm und es zusammen mit Bruder Giorgio an die kulinarische Spitze führte. Kochbücher, Interviews und Fernsehauftritte machten die quirlige Quereinsteigerin bald auch in den Nachbarländern bekannt.

Fisch steht im Ristorante Scabar an erster Stelle: Ami bereitet *branzino* (Wolfsbarsch) gern roh zu, gewürzt mit etwas Zitrone, Fleur de Sel aus den Salinen des slowenischen Piran und feinstem Olivenöl. Für diese Gaumenfreude muss der Fisch tadellos frisch sein. Natürlich hat Ami einen Fischer ihres Vertrauens, dessen nächtlicher Fang erst auf dem Markt landet, nachdem die Chefin die besten Stücke für ihr Restaurant ausgesucht hat. So schmecken dann auch die fischgefüllten, in Safran und Kurkuma geschwenkten *ravioli di pesce*, die bei Ami auf der Karte stehen. Giorgio Scabar empfiehlt dazu die passenden Tropfen. Und den Genuss perfekt macht der Blick von der lauschigen Terrasse ins grüne Triestiner Hinterland des Val Rosandra.

Übrigens hat Amis Kochkunst auf indirektem Weg ihren Eingang in die Kriminalliteratur gefunden. Was auch immer Kommissar Proteo Laurenti von seiner geliebten Gattin Laura nach getaner Arbeit vorgesetzt bekommt, es entstammt mit ziemlicher Sicherheit Amis unendlichem kulinarischen Fundus. Denn Veit Heinichen, der Autor der Triest-Krimis, ist Amis Lebensgefährte. So stimmt das Lesen der inzwischen auf elf Bände angewachsenen Krimireihe um Commissario Laurenti auf die Genüsse ein, die den Gast im Ristorante Scabar erwarten.

BESUCH BEI AMI SCABAR:

- **Ristorante Scabar**
  Erta di Sant'Anna 63 | 34149 Trieste
  Tel. 040 81 03 68 | www.scabar.it
  Mo geschl.

DIE SPITZENKÖCHIN EMPFIEHLT:

- **Gran Osteria Tre Noci**
  Ausgewählte Zutaten, beste Weine, guter Service im schönen rustikalen Ambiente.
  Sistiana 33 | 34019 Duino-Aurisina
  Tel. 040 29 92 22 | www.trenoci.it
- **Valeria**
  Tom Oberdan interpretiert die deftige Karstküche modern und leicht.
  Strada per Vienna 52 | 34151 Opicina
  Tel. 04 09 22 02 86
  www.trattoriavaleria.it
- **Zidarich**
  Die schönste Osmiza ist die von Beniamino Zidarich auf dem Karst. Beste Weine, guter Schinken, spektakuläre Sicht.
  Loc. Prepotto 23 | 34011 Duino-Aurisina
  Tel. 040 20 12 23 | www.zidarich.it
- **Gran Malabar**
  Die Enoteca mit der besten Weinauswahl, professionelle Empfehlungen, optimales Preis-Leistungs-Verhältnis und auf dem Platz lässt sich das Leben der Triestiner beobachten.
  Piazza San Giovanni 6 | 34122 Triest
  Tel. 040 636226

SPORT & AKTIVITÄTEN

Auf Urlauber wartet in Venetien und im Friaul ein breites Sport- und Freizeitangebot. Während die nördlichen Regionen vor allem für Wanderer und Mountainbikefahrer interessant sind, stehen im Süden Baden und Wassersport im Vordergrund.

SPORT AM & IM WASSER

Die Adriaküsten des Veneto und des Friaul bieten eine Fülle sportlicher Betätigungen. Die langen, mitunter auch sehr breiten Sandstrände eignen sich für Beachvolleyball, Basketball, Fußball und Jogging. In Caorle, Bibione, Grado oder Duino findet man auch Segel-, Tauch- und Windsurfschulen. Misterblu z. B. ist eine deutschsprachige Tauchbasis. Die flachen Lagunen von Grado Pineta sind ideal für Kitesurfer, Unterricht erteilt die Marzio Kite School. Surfen lernt man u. a. bei Gigi Surf. Weitere Adressen bei den örtlichen Fremdenverkehrsämtern.

Misterblu Q8
- Zona Marina Uno | Viale Adriatico 11
  Lignano Sabbiadoro
  Mobiltel. 33 39 78 91 74
  www.misterblu.com

Marzio Kite School R8
- Al Bosco | Grado Pineta
  Mobiltel. 34 07 04 61 93
  www.marziokiteschoolgrado.com

Gigi Surf P9
- Via Procione
  Bibione | Lido dei Pini
  Mobiltel. 32 83 71 77 63
  www.facebook.com/GigiWindsurfingSchool

WANDERN

Zahllose ausgewiesene Wanderwege bietet Friaul-Julisch Venetien, doch auch die Euganeischen Hügel mit ihren Festungen, Klöstern und pittoresken Dörfern eignen sich hervorragend für ausgedehnte Wanderungen. In acht Etappen führt der **Karnische Höhenweg** auf ca. 155 km entlang der Grenze Österreichs und Italiens auf dem Hauptkamm durchs Friaul. Weitere Tourentipps finden sich auf www.turismofvg.it. Die europäische **Via**

In den Dolomiti Bellunesi warten grandiose Landschaftsszenarien auf Wanderer

Alpina führt auf einem Teilstück von Triest ins nördliche Friaul (Infos unter www.via-alpina.org). Kombinierte Wander- und Kulturreisen durch Veneto und Friaul bieten z.B. folgende Veranstalter:

Mediterrana Tours

- Rothenburger Str. 14 | 01099 Dresden
  Tel. 03 51/810 87 58
  www.mediterranatours.de

Wikinger Reisen

- Kölner Str. 20 | 58135 Hagen
  Tel. 023 31/90 46
  www.wikinger-reisen.de

GOLF

Mit über 30 Plätzen in Venetien und weiteren sieben im Friaul haben Golfer die Qual der Wahl. Zwei der besten Greens liegen in den Colli Euganei: der Golfclub Padua (18 Löcher, 6053 m, Par 72) und der Golfclub Frassanelle (18 Löcher, 6120 m, Par 72). Eine Übersicht über die Golfplätze bieten die Websites www.turismofvg.it und www.golfinveneto.to.

Golfclub Padua H12

- Via Noiera 57 | 35030 Galzignano Terme
  Tel. 04 99 13 00 78
  www.golfclubpadova.it

Golfclub Frassanelle G11

- Via Rialto 5A | 35030 Rovolon
  Tel. 04 99 91 07 22
  www.golffrassanelle.it

REITEN

Reiten kann man in einigen feineren Landhotels sowie landwirtschaftlichen Betrieben (Agriturismo › S. 31). Vom südlichen Friaul lohnt ein Abstecher ins slowenische Lipizzanergestüt Lipica bei Sežana, östlich von Triest. Vorführungen der hohen Schule, Reitkurse, -ausflüge und Kutschenfahrten gehören hier zum umfangreichen Freizeitprogramm (www.lipica.org).

WELLNESS

Wellnesscenter mit unterschiedlichen Behandlungsangeboten gehören mittlerweile zum Standard der meisten gehobenen Hotels. Thermalpools, Saunen, Dampfbäder und verschiedene Therapien offeriert z. B. das moderne Spa von Bibione.

Eine gute Mischung aus Kur, Sport und Ausflügen ermöglichen die Thermalkomplexe von Abano Terme › S. 80 und Montegrotto Terme › S. 81 bei Padua. Neben der klassischen Fangotherapie werden hier auch viele andere Behandlungen angeboten.

Bibione Thermae P8

- Via delle Colonie 3 | 30020 Bibione
  Tel. 04 31 44 11 11
  www.bibioneterme.com

IAT Abano Terme H11

- Via Pietro d'Abano 18
  35031 Abano Terme
  Tel. 04 98 66 90 55
  www.abano.it

IAT Montegrotto Terme H11

- Viale Stazione 60
  35036 Montegrotto Terme
  Tel. 049 892 87 11
  www.montegrotto.org

UNTERKUNFT

Vom romantischen Bed & Breakfast (www.bed-and-breakfast.it) über das luxuriöse Schlosshotel bis zu feinen Designhäusern reicht das Angebot an Unterkünften; wer lieber zeltet, findet auf den Lidos, entlang des Gardasees sowie auch auf zahllosen kleineren Campingplätzen einen passenden Stellplatz (www.camping.it).

HOTELS & PENSIONEN

Hotels sind mit Sternen nach mitteleuropäischem Standard klassifiziert, doch entsprechen viele Strandhotels ihrer Klassifikation nicht. In Venedig, Verona und Padua liegen die Preise deutlich über dem norditalienischen Durchschnitt, in der Hochsaison steigen sie auch in den Ferienregionen. Es lohnt sich, direkt anzufragen und die einschlägigen Hotelbuchungsseiten zu vergleichen, denn teilweise unterscheiden sich die Tarife deutlich. Häufig wohnt man günstiger und angenehmer in einer familiären Pension als im 3-Sterne-Hotel.

FERIENHÄUSER & APARTMENTS

Das Angebot ist kaum überschaubar. Achten Sie bei der Buchung darauf, dass eine deutschsprachige Betreuung vor Ort gewährleistet ist, falls es Reklamationen gibt. Online suchen und buchen können Sie über die Websites www.turismofvg.it für Friaul-Julisch Venetien sowie www.veneto.eu für das Veneto.

AGRITURISMO

Ferien auf dem Bauernhof, der in Venetien/Friaul durchaus ein historisches Landgut sein kann, bringen einem Land, Leute und Küche näher. Die meisten Betriebe haben ein großes Freizeitangebot, verleihen Pferde oder Räder. Auch luxuriöse Agriturismi sind preislich günstiger als gleichwertige Hotels. Empfehlenswerte Vermittler bzw. Zusammenschlüsse: www.agriturismo.it, www.agriturismo-on-line.com, www.veneto-agriturismo.it.

ORIGINELL ÜBERNACHTEN

- Ab ins Grüne! Das Weinresort **Venissa** bietet eine halbe Stunde vom Markusplatz in Venedig entfernt Lagunenfeeling und Tafelfreuden. > S. 64
- Weiß und puristisch präsentiert sich der **Agriturismo San Michele** unweit von Andrea Palladios Villa La Rotonda bei Vicenza. > S. 111
- Topmodernes Design erwartet Sie im Stadtpalast des Hotels **Vis à Vis** in Triest. > S. 131
- Im **Agriturismo La Subida** wählt man zwischen modernem Holzloft und nostalgischem Oma-Häuschen. > S. 136
- Frühstück vor Dolomitenpanorama bietet die **Azienda Sant' Anna** in Belluno. > S. 147

Bevor die Fischer von Grado wieder in die Lagune ausfahren, müssen die Netze geflickt werden

LAND & LEUTE

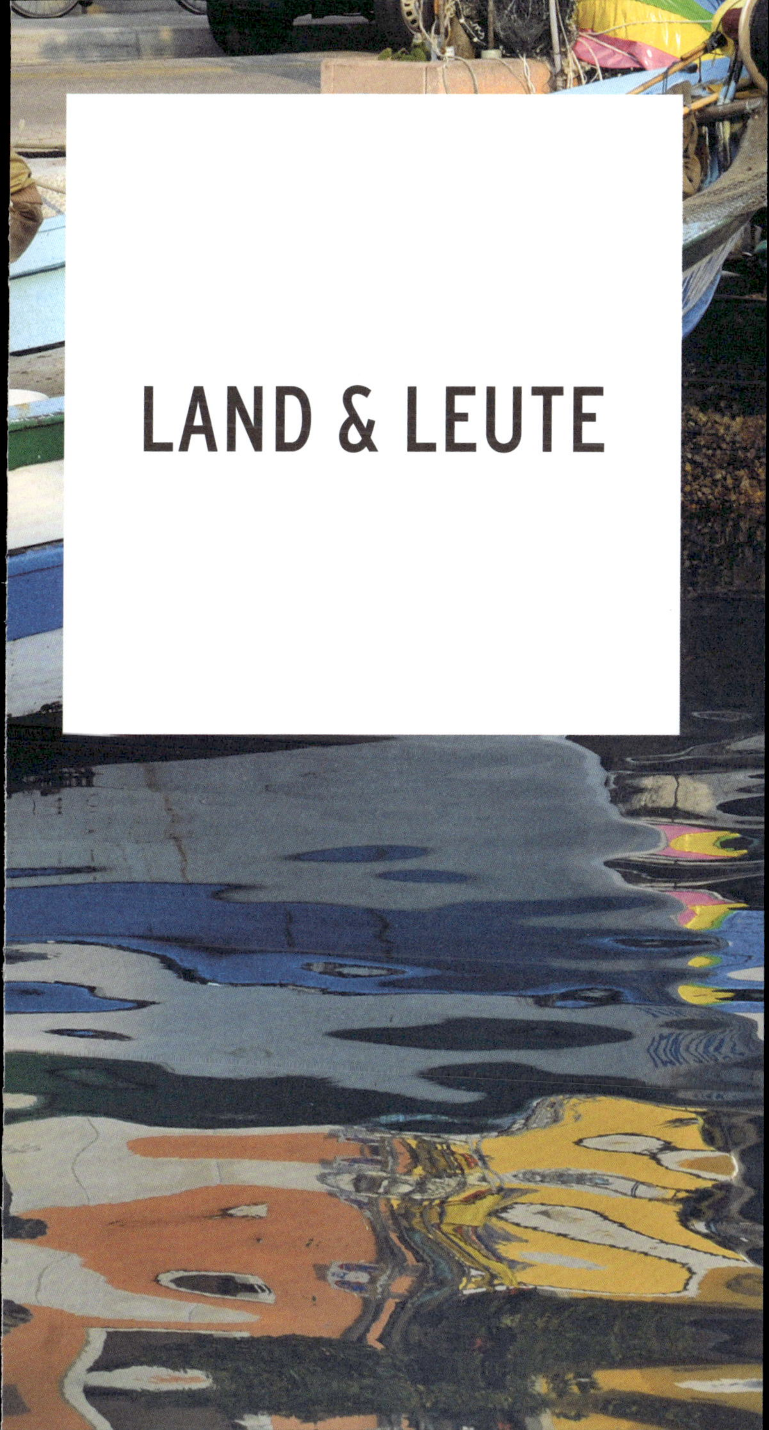

STECKBRIEF

VENETIEN

- **Hauptstadt:** Venedig
- **Fläche:** 18 391 km²
- **Bevölkerung:** 4,9 Mio., 267 Einw./km²
- **Arbeitslosenquote:** um 6,3 %

FRIAUL-JULISCH VENETIEN

- **Hauptstadt:** Triest
- **Fläche:** 7856 km²
- **Bevölkerung:** 1,2 Mio., 151 Einw./km²
- **Arbeitslosenquote:** 8,4 %
- **Landesvorwahl:** 0039
- **Währung:** Euro
- **Zeitzone:** MEZ

LAGE

Das Friaul, italienisch Friuli-Venezia Giulia, ist Italiens östlichste Region und grenzt im südlichen Teil an Slowenien, im nördlichen an das österreichische Bundesland Kärnten. Westlich vom Friaul zieht sich Venetien, das die Italiener Veneto nennen, von der Adria bis zum Ostufer des Gardasees und nach Norden bis zu den Dolomiten.

POLITIK & VERWALTUNG

Italien ist eine Parlamentarische Republik. Das amtierende Staatsoberhaupt ist Sergio Mattarella. Ministerpräsident ist Giuseppe Conte. Venetien und Friaul sind zwei der insgesamt 20 italienischen Regionen. Verwaltet werden sie jeweils von einem Regionalparlament. Jeder Provinz steht ein Regionalpräfekt vor. Das Friaul besitzt wegen der dort lebenden Sprachminderheiten seit 1963 den Status einer autonomen Region und damit eine größere Eigenständigkeit. In der traditionell konservativ geprägten Region unterstützen viele Wähler Berlusconis Partei Forza Italia und die einst separatistische Lega Nord, die seit 2018 als Lega italienweit für Föderalismus bzw. Regionalismus eintritt. Amtierender Präsident Venetiens ist Luca Zaia von der Lega. Das Friaul wird von Massimiliano Fedriga geführt, der ebenfalls ein Politiker der Lega ist.

WIRTSCHAFT

In den Jahrzehnten nach dem Zweiten Weltkrieg hat sich der Nordosten Italiens von einem rückständigen Agrarland mit hoher Emigrationsrate in eine der blühendsten Industrieregionen des Landes verwandelt. Breit gefächert, auch in der geografischen Verteilung, ist die Palette der Wirtschaftszweige – von der Textilindustrie bis hin zu Möbelfabriken. International bekannt sind Firmen wie Zanussi (Haushaltsgeräte) in Pordenone oder der Textilriese Benetton in Treviso. In Agordo hat Europas größter Brillenhersteller Luxottica seinen Sitz. Die Agrarwirtschaft, vor allem der Weinbau, bleibt allerdings nach wie vor wichtig. Der Tourismus an der Adria und in den Alpen spielt ebenfalls eine große wirtschaftliche Rolle.

Die Auswirkungen der Wirtschaftskrise waren auch im Veneto und im Friaul zu spüren. Viele Unternehmen wanderten wegen der hohen Besteuerung nach Kärnten oder Slowenien ab. Die Arbeitslosigkeit ist im italienischen Vergleich mit rund sechs Prozent gering.

UMWELTPROBLEME

Dass der Schutz der Umwelt über Jahrzehnte gegenüber der wirtschaftlichen Entwicklung vernachlässigt wurde, bezeugen u. a. die weitgehende Zersiedelung der Landschaft. Nur zwei Nationalparks – die Dolomiti Bellunesi (seit 2009 UNESCO-Weltnaturerbe) und die Dolomiti d' Ampezzo – sind in der Region ausgewiesen; Venetien verzeichnet daneben vier Regionalparks, Friaul zwei. Wie nachlässig immer wieder mit der Umwelt umgegangen wird, bewies auch die Ölkatastrophe, die 2010 durch Sabotage in einer Erdölraffinerie an einem Nebenfluss des Po ausgelöst wurde. 600 000 l Öl trieben vom Lambro in den Po und der Adria (und dem naturgeschützten Podelta) entgegen, ohne dass dies den staatlichen Medien eine größere Meldung wert gewesen wäre.

Dass es mit der Kontrolle der Industriebetriebe nicht zum Besten steht, belegen auch folgende Zahlen: Nur vier Strände im Friaul und 14 im Veneto durften sich 2018 mit dem Gütesiegel der Blauen Flagge für Sauberkeit und Umweltverträglichkeit schmücken. Gegenüber, am Ostufer der Adria, waren es im ländlich geprägten kroatischen Istrien dagegen mehr als 50!

BEVÖLKERUNG & SPRACHE

Schon der venezianische Komödiendichter Carlo Goldoni bescheinigte seinen Landsleuten: »Il carattere della nazione è l'allegria«. Lebensfreude und Liebenswürdigkeit besitzen sie noch immer, außerdem Fleiß und Fantasie. Kleine Genüsse wie die *ombra* und eine *chiacchiera,* ein Gläschen Wein und ein Schwatz an der Bar, gehören zu den hingebungsvoll gepflegten Unterbrechungen des Alltags.

Entlang der Livenza verläuft die Sprachgrenze zwischen dem Venezianischen und Friulischen. Das *furlan* ist ein rätoromanischer Dialekt, der sich aus dem Vulgärlatein der keltischen Karner entwickelte, die zur Römerzeit im Gebiet des heutigen Friaul lebten. Rund 40 % der Bewohner Friauls sprechen Furlan als Muttersprache. Daneben gibt es slowenische Minderheiten in Triest und Gorizia (Görz), die Sonderrechte wie muttersprachlichen Unterricht genießen.

GESCHICHTE IM ÜBERBLICK

1. Jt. v. Chr. Paläovenetische Kultur der Euganeer und Veneter.

181 v. Chr. Gründung Aquileias.

15 v. Chr. Gründung der X. Regio Venetia et Histria. Wichtigste Städte sind Aquileia, Padua, Verona.

Ab 452 n. Chr. Die Hunnen zerstören Aquileia. Die obere Adria wird nach dem Ende des Weströmischen Reiches Teil des oströmischen Exarchats.

568 Einfall der Langobarden und Gründung eines langobardischen Herzogtums mit der Hauptstadt Cividale. Flucht der Bevölkerung aus den küstennahen Städten in die Lagunen der Adria. Venedig entwickelt sich. Der Küstenbereich bleibt byzantinisch.

774 Karl der Große besiegt die Langobarden. Aufstieg Venedigs.

8.–10. Jh. Die einstigen Römerstädte werden zu Stützpunkten von Feudalherren und Bischöfen.

11. Jh. Italien wird Teil des Heiligen Römischen Reiches Deutscher Nation.

12. Jh. Bevölkerungs- und Wirtschaftswachstum; die Städte des Veneto erkämpfen gegen Friedrich Barbarossa die Stadtfreiheit.

13./14. Jh. Aus den freien Kommunen werden Signorien: Adelige Herrschergeschlechter regieren die Städte.

1383 Triest unterstellt sich der österreichischen Schutzherrschaft.

15. Jh. Venedig ergreift Besitz vom Hinterland; die Terra Ferma reicht bis zu den Alpentälern.

1500 Görz und Ostfriaul fallen an die Habsburger.

16. Jh. Blütezeit der Städte. Repräsentative neue Stadtarchitektur, Villen auf dem Lande.

17./18. Jh. Niedergang der venezianischen Wirtschaftsmacht.

1797 Napoleon und Österreich diktieren den Frieden von Campoformio und besiegeln das Ende der Republik Venedig.

1805 Das Veneto, die Lombardei, das Trentino und Friaul werden österreichisch.

1866 Westfriaul und Venetien kommen zum neuen Königreich Italien.

1918 Auch das Trentino und Triest samt Istrien werden italienisch.

1945/47 Nach dem Zweiten Weltkrieg fällt Istrien an Jugoslawien.

2001 Silvio Berlusconi (Forza Italia) wird Ministerpräsident.

2008 Mit seiner Partei Volk der Freiheit (Popolo della Libertà, PDL) wird Silvio Berlusconi erneut zum Ministerpräsidenten gewählt.

2014 Venedigs Bürgermeister Giorgio Orsoni wird im Juni wegen Korruptionsverdacht beim M.O.S.E.-Projekt festgenommen. Matteo Renzi (PD) wird Ministerpräsident.

2018 Die Parlamentswahlen bescheren Italien einen Rechtsruck. Die neue Regierung stellen Politiker der Parteien Lega und Movimento Cinque Stelle (M5S). Der parteilose Giuseppe Conte wird Ministerpäsident.

NATUR & UMWELT

LANDSCHAFTLICHE GLIEDERUNG

Die oberitalienische Landschaft ist von außerordentlicher Vielfalt, von den grandiosen Felszacken der Dolomiten und den rauen Waldhängen der Karnischen Alpen über Voralpen und sanftes Hügelland hinunter zur Adriaküste mit ausgedehnten Sandstränden, Lagunen und dem Delta des Po. Nur 100 km Luftlinie trennen die imposanten Dreitausender der Dolomiten im Friaul und nördlichen Veneto von der Küstenebene, wo das Land teilweise tiefer als der Meeresspiegel liegt. Wie Inseln erheben sich daraus der Höhenzug der Monti Berici und die Colli Euganei mit ihren Thermalquellen. Charakteristisch für das Küstenland von Triest ist der weiße Karst, ein poröses Kalksteingebirge mit unterirdischen Wasserläufen und Höhlen > S. 38.

Die großen Flusstäler von Adige (Etsch) und Tagliamento dienen seit Menschengedenken als die wichtigsten Transitwege in die Länder jenseits der Alpen. Das amphibische Reich des Podeltas und der Lagunen von Venedig, Marano und Grado, im Wechselspiel von Meer und Flüssen geformt, ist durch Urbarmachung *(bonifica)* stark reduziert worden. Wilde Vegetation gibt es nur in geschützten Biotopen, z. B. an der Mündung des Tagliamento und im Podelta. Im Mikroklima der Monti Berici und Colli Euganei grünt und blüht auch Mediterranes.

WELTNATURERBE

2009 erklärte die UNESCO einzelne Gebirgsstöcke der **Dolomiten** zum Weltnaturerbe: Dazu zählen in Venetien und im Friaul die Gruppe Pelmo-Nuvolau südwestlich von Cortina d'Ampezzo, die Marmolada südlich des Pordoijochs, die Vette Feltrine um die Vezzana in den Dolomiti Bellunesi > **S. 148** (nördlich des gleichnamigen Nationalparks), die Dolomiti Friulane > **S. 148** und die Dolomiti Cadorine nördlich des Naturparks.

FAUNA & FLORA

Im Bereich des Veneto und des Friaul vollzieht sich der Übergang von der alpinen zur mediterranen Natur: Während Steinböcke, Murmeltiere und manchmal sogar Bären die Dolomiten und Karnischen Alpen durchstreifen, nisten in den Klippen von Duino Wanderfalken, spielen Delfine im glasklaren Meer der Adria. Das Podelta und die Lagunen bieten Lebensräume für eine artenreiche Vogelwelt, darunter seltene Vertreter wie die Zwergscharbe oder die Rüppellseeschwalbe.

Auch die Pflanzenwelt ist vielfältig und reicht von Frauenschuh auf den Almen Karniens über die Weinhänge des Collio bis zu den Schilfgrasgürteln des Podeltas und den Oliven im Triestiner Karst.

MONDLANDSCHAFT UND LÄNDLICHE KÜCHE

Vor allem wegen seiner Höhlen viel besucht – der Triestiner Karst

Hinter Triest beginnt der Karst. Eine Welt aus weißen, zerklüfteten Kalkfelsen, die sich zu einer bizarren Landschaft fügen. Der Blick fällt in trichterförmige Dolinen und weit verzweigte unterirdische Höhlen, entstanden in Jahrmillionen, während derer das in Niederschlägen enthaltene Kohlendioxid den Kalk gelöst hat. Mehr als 5200 Höhlen wurden im Triestiner Karst entdeckt. Der Abstieg in die Tropfsteinlandschaften des Carso eröffnet eine faszinierende Unterwelt voller Geheimnisse.

UNTERIRDISCHE GRÖSSE – GROTTA GIGANTE ★ 1

Eine der größten Höhlen der Welt ist die Grotta Gigante, die 1840 zufällig entdeckt wurde und ihrem Namen alle Ehre macht: 115 m ist sie hoch, 280 m lang und 65 m breit. Der Petersdom, so heißt es, würde in der Höhle Platz finden. 500 Stufen steigt man hinab in die faszinierende unterirdische Welt. Die Tropfsteingebilde sind bis zu 12 m hoch gewachsen, sie sind unvorstellbar alt, wenn man bedenkt, dass ein Stalagmit im Jahr nur um 0,2 mm wächst. Im Eingangsbereich informiert ein kleines Museum über die Entdeckung der Höhle.

- **Grotta Gigante** T8
  Borgo Grotta Gigante
  34010 Sgonico (Triest)
  Tel. 040 32 73 12
  www.grottagigante.it
  Führungen: Juli/Aug. tgl. 10–18, April bis Juni und Sept. Di–So 10–18, Okt.–März Di–So 10–16 Uhr jew. zur vollen Stunde.

WEITERE HÖHLEN IM FRIAUL

Rund 10 km nördlich von Cividale del Friuli, in Pulfero, birgt die 400 m lange **Grotta di San Giovanni d'Antro** die Überreste einer ehemaligen gotischen Kapelle (Infos unter Mobiltel. 33 97 77 93 67, www.grottadantro.it, Besichtigung nach Voranmeldung Sa/So 10–18 Uhr). Bei Villanova führt ein Besuch in der 7 km langen **Grotta Nuova di Villanova** 340 m in die Tiefe (Mobiltel. 39 21 30 65 50, www.grottedivillanova.it, März/April So 10–12, 13.30-18, Mai/Juni und Sept. Sa/So 10.30 bis 12, 13.30-18, Juli Mo–Sa 10.30-12, 13.30–18, So 10-18, Aug. tgl. 10.30 bis 18, Okt./Nov. So 10–12, 13.30 bis 16.30 Uhr).

DER KARST LITERARISCH

Der *carso triestino*, jene »Landschaft aus Kalk und Wacholder« und ihr zerklüftetes Gestein, inspirierte Dante, Stefan Zweig, Giuseppe Ungaretti, Peter Handke, Scipio Slataper und viele andere Schriftsteller. Im österreichischen Wieser Verlag ist in der Reihe »Europa erlesen« die Anthologie »Karst« erschienen (Klagenfurt 1997).

KARST AKTIV

Ein weit verzweigtes Netz von Wanderwegen erschließt den Karst. Einen der schönsten verdanken wir Napoleon, der zwischen Opicina und Prosecco einen Panoramaweg anlegen ließ. Auch Kletterfreunde kommen in der zerklüfteten Felsenwelt voll auf ihre Kosten – dafür ist allerdings viel Erfahrung erforderlich. Kartenmaterial und Tourentipps bekommt man beim Tourismusbüro in Triest › S. 131.

- **Trieste Infopoint** c2
  Via dell'Orologio 1/Piazza Unità
  34121 Triest | Tel. 04 03 47 83 12
  www.turismofvg.it

NOZZE CARSICHE

In Monrupino wird in der letzten Augustwoche vier Tage lang die **Karsthochzeit** zelebriert, eine Massenhochzeit, die mit dem Abschied vom Junggesellenleben beginnt. Sie findet alle zwei Jahre – in den ungeraden Jahren – statt, wenn es genug Brautpaare gibt. Die slowenische Minderheit der Gegend holt dann die alten Trachten aus dem Schrank und schlemmt, trinkt und tanzt ohne Unterlass.

FLORA DES KARSTS

Den Artenreichtum der Karstflora veranschaulicht der botanische Garten **Carsiana.** Auf 6000 m² versammelt er die schönsten Blüten und Gewächse der Landschaft.

- **Giardino Botanico Carsiana** T7
  Straße Sgonico–Gabrovizza
  Tel. 04 81 78 41 11
  www.giardinobotanicocarsiana.it
  April–Okt. Mo–Sa 9.30–13 Uhr

DER KARST KULINARISCH

Das **Ristorante Carso** in Monrupino setzen die alten Rezepte des Karst neu interpretiert und absolut köstlich um.

- **Ristorante Carso €€** U8
  Via Zolla 1 | 34016 Col Monrupino
  Tel. 040 32 71 13
  www.ristorantecarso.it
  außer Sa/So nur abends, Mi geschl.

KUNST & KULTUR

Die Region zwischen Alpen, Adria und Po ist seit Jahrtausenden ein Schmelztiegel unterschiedlichster Kulturen. Vielerorts erkennt man bis heute die kulturellen Einflüsse aus Orient und Okzident. Das zweifellos großartigste Produkt dieser Verschmelzung stellt Venedig dar.

ZWISCHEN ANTIKE & MITTELALTER

Viele Städte in Veneto und Friaul sind nach römischem Muster erbaut: mit rechtwinkligem Straßennetz um das zentrale Achsenkreuz von *cardo* und *decumanus* und dem *forum* in der Mitte. Verona › S. 91 besitzt die meisten Denkmäler der römischen Antike, darunter die monumentale Arena.

Aquileia war schon im 4. Jh. bedeutender Bischofssitz. Aus dieser Zeit stammt der wunderbare spätantike Mosaikboden des Doms › S. 72. Als die Bewohner der Römerstädte im 6. Jh. vor den Hunnen, Goten und Langobarden ins Labyrinth der Lagunen flohen, begann die Sonderentwicklung Seevenetiens, das politisch und kulturell mit Byzanz verbunden blieb.

ROMANIK & GOTIK

Mit der Epoche der freien Kommunen vollzog sich im 12. Jh. der Ausbau der Städte, die von den Bürgern zu einem großen Gesamtkunstwerk gestaltet wurden. Die Ablösung der Bürgerherrschaft durch die der adligen Signorien fiel in die Zeit des Stilwechsels von der Romanik zur Gotik (13./14. Jh.). Es entstanden die großen Kirchen der Bettelorden wie Sant' Anastasia in Verona › S. 96, aber auch die mächtigen Zwingburgen der ritterlichen Tyrannen, die im 14. Jh. die meisten der Städte beherrschten. Die zinnengeschmückten Mauern der Scaliger sind bis heute das Wahrzeichen zahlreicher Orte vom Gardasee bis Soave.

Das 14. Jh. war zugleich eine große Epoche der Wandmalerei. Gleich zu Anfang des »Trecento« entstand ein epochales Meisterwerk, Giottos Freskenzyklus in der Arena-Kapelle in Padua › S. 79.

RENAISSANCE & BAROCK

Die Ausbreitung der Renaissance im Veneto ging einher mit der politischen Unterwerfung der Region unter die Herrschaft Venedigs. Der politischen folgte die kulturelle Assimilierung. Im 16. Jh. zog Venedig viele Künstler des venezianischen Festlands an, darunter Giorgione (1478–1510), Tizian (1488–1576) und Paolo Caliari (1528–1588), nach seiner Geburtsstadt Veronese genannt. In der Architektur schmückten nun elegante Loggien, ein Uhrturm und die obligatorische Säule mit dem Markuslöwen die Piazze. Eine eigene Architektursprache kultivierten der Veroneser Stadtbaumeister Michele Sanmicheli (1484 bis 1559) und Andrea Palladio (1508–1580) aus

Die barocke Villa Pisani in Strà wird auch »La Nazionale« genannt

Vicenza, einer der einflussreichsten Männer in der europäischen Architekturgeschichte und Erbauer zahlreicher Villen. Die meisten dieser Landhäuser gehörten dem venezianischen Adel und waren das Zentrum der landwirtschaftlichen Güter, mit deren Erwerb Venedig das Hinterland »kolonisierte«. Besondere Bekanntheit erlangten die Villa Foscari (»La Mal-

LITERATUR IN TRIEST

Im 19. Jh. stieg der Hafen von Triest zum großen Handelsplatz der Donaumonarchie auf. Das multiethnische Triest, italienisch, österreichisch, slowenisch mit jüdischen, griechischen, serbischen und armenischen Minderheiten, wurde gegen Ende des 19. Jhs. auch eine Stadt der Literatur. Lackfabrikant Ettore Schmitz, der sich als Dichter Italo Svevo (1861–1928) nannte, war ein echter Triestiner, jüdischer Kaufmann deutsch-italienischer Abstammung. Mit seinen Erzählungen und Romanen, besonders dem Spätwerk »Zeno Cosini« (1923), gehört er zur literarischen Avantgarde des 20. Jhs. Weitere bedeutende Dichter aus Triest sind der Lyriker Umberto Saba (1883–1957) und Scipio Slataper (1888–1915), der als glühender italienischer Patriot slawisch-italienisch-deutscher Abstammung die »gequälte Seele« der Stadt verkörperte. Zu den wichtigen Vertretern des 20. Jh. gehören Fulvio Tomizza (1935–1999) und Claudio Magris (geb. 1939). Als Lektüre zur Einstimmung ist die Anthologie »Europa erlesen – Triest« zu empfehlen (Wieser Verlag, Klagenfurt 1997).

contenta«) an der Brenta › S. 52 und die Villa La Rotonda bei Vicenza › S. 110. Palladio legte die Villen-Typologie für Generationen fest: ein Kubus, maßvoll in Größe und Dekor, als Herrenhaus mit Säulen und Giebeln, und Wirtschaftsgebäude als niedrige Seitenflügel mit Bogengängen *(barchesse)*. Insgesamt 4000 Villen entstanden zwischen dem 15. und 19. Jh. in der Region, viele entlang des Brentakanals › S. 49 zwischen Venedig und Padua.

Als unbestrittener Meister der spätbarocken Malerei gilt Giovanni Battista Tiepolo (1696–1770), dessen wunderbare Raumdekorationen u. a. im Palazzo Arcivescovile in Udine › S. 139 und in der Villa Valmarana ai Nani bei Vicenza › S. 110 zu bewundern sind.

FESTE & VERANSTALTUNGEN

Die Liste der Volksfeste, Festivals und Kulturevents ist lang. Viele Veranstaltungen widmen sich kulinarischen Themen. Im Folgenden eine Auswahl spannender, anregender und malerischer Feste:

FESTKALENDER

Februar: Karneval, nicht nur in Venedig, aber hier mit kunstvollen Masken.

März: Italiens größte Weinmesse, **Vinitaly,** findet in Verona statt. Der Volkslauf **Palio del Drappo Verde** in Verona geht zurück auf die Scaliger (www.veronaconlacorsa.it).

Juni: Bei der **Festa del Nodo d'Amore** Mitte des Monats in Valeggio sul Mincio essen Tausende auf der mittelalterlichen Brücke Tortellini. Ende Juni gibt es bei der **Aria di Festa** in San Daniele Schinken zu kosten.

Mitte Juni bis Anfang September: Opernfestspiele in der Arena von Verona.

Juli: Am ersten Sonntag **Perdón de Barbana**, eine Bootsprozession von Grado zur Laguneninsel Barbana.

August: Palio di Feltre mit Pferderennen in mittelalterlichen Gewändern am ersten Augustwochenende in Feltre (www.paliodifeltre.it). Am letzten Augustwochenende in ungeraden Jahren (aber nicht regelmäßig) Karsthochzeit, **Nozze Carsiche,** in Monrupino › S. 39.

Ende August bis Ende November: Biennale von Venedig: alternierende Schau zeitgenössischer Kunst (ungerade Jahre) und Architektur (gerade Jahre).

September: Farbenprächtige **Regata Storica** in Venedig am ersten Sonntag. Am ersten Septemberwochenende **Palio dei 10 Comuni** in Montagnana mit mittelalterlichem Mahl und Pferderennen (www.palio10comuni.it). Das zweite Wochenende gehört in geraden Jahren der **Schachpartie mit lebenden Figuren** in Marostica › S. 90. Am zweiten Sonntag im September bietet die **Brenta Fiorita** Bootsfahrten in historischen Kostümen auf dem Brentakanal (www.riviera-fiorita.it).

Dezember: Mitte Dezember steht der Radicchio im Mittelpunkt der **Antica Mostra del Radicchio** in Treviso. Die **Rassegna del Presepio** zeigt in der Arena von Verona Krippen aus aller Welt. In zahlreichen Städten werden stimmungsvolle **Weihnachtsmärkte** aufgebaut.

ESSEN & TRINKEN

Hummerravioli in Pernodsoße, Melonenrisotto mit Zucchiniblüten, getrüffelte Gnocchetti machen Appetit auf mehr. Wie wär's zum Nachtisch mit Feigen-Crespelle und Minzeeis?

Auch kulinarisch sind Venetien und das Friaul äußerst attraktive Reiseziele und das Angebot an guten Restaurants ist schier unübersehbar. Im *ristorante* wird zumeist gehobene Küche serviert; die *trattoria* hingegen gibt sich einfacher und uriger, mit Schwerpunkt auf regionaler oder Hausmannskost. In einer *rosticceria* stehen vorrangig Grillgerichte auf der Karte, und eine *osteria* ist die ländliche Variante der Trattoria, kann aber auch die venezianische Entsprechung des Triestiner *buffet* › S. 132 bezeichnen. Hier verzehrt man zumeist schnelle Gerichte im Stehen. Die *Osmize* in der Karstregion sind Buschenschänken, die nur eine bestimmte Zeit im Jahr öffnen und deftiges Essen zu jungem Wein servieren.

Zum Alltag gehört im Veneto und im Friaul das *andar per ombra* (in den Schatten gehen): Am späten Vormittag bzw. frühen Abend genießt man in einer Osteria ein Glas Wein, dazu *cichetti* (Häppchen). Getränke oder Snacks sind übrigens deutlich preiswerter »al bar« (an der Theke) als am Tisch.

REGIONALE SPEZIALITÄTEN

Der Ruhm der Küche des Veneto basiert auf der absoluten Frische und Qualität der Produkte, auf Leichtigkeit und kreativer Fantasie.

TYPISCH GENIESSEN

- Ein kulinarischer Geheimtipp ist das **Al Storico da Crea** in Venedig, versteckt in einem Werftgelände auf der Giudecca. › S. 65
- Wunderbar romantisch am alten Bootssteg gelegen: das **Al Pontil de Tripoli** auf der Isola della Schiusa in Grado. › S. 71
- Typisch lokale Spezialitäten bereitet die Küche der **Osteria L'Anfora** in Padua zu. › S. 76
- Urig das Ambiente, wohlschmeckend die Gerichte: Das **Alcova del Frate** in Verona ist nicht ohne Grund ein äußerst beliebtes Restaurant. › S. 99
- Das Restaurant **Groto de Corgnan** in Sant'Ambrogio bringt den vollen Geschmack der für ihren Rotwein bekannten Landschaft Valpolicella in den Monti Lessini auf den Tisch. › S. 101
- In der **Antica Locanda del Contrabbandiere** in Pozzolengo werden in historischen Räumen fantasievolle Menüs serviert. › S. 104
- Wer friulischen Hochgenuss sucht, sollte bei **Al Cacciatore della Subida** in Cormons einkehren. › S. 136

In guten Lokalen wird täglich alles frisch zubereitet, von den Teigwaren – *pasta fatta in casa* – bis hin zu den *dolci*, den verführerischen Nachspeisen.

In Küstennähe überwiegen Meeresfisch und Krustentiere, in den Hügel- und Bergregionen Fleisch. Zur Herbstsaison kommen dort häufig Pilzgerichte, Wild und Wildgeflügel auf die Tische.

Überall beliebt ist feiner luftgetrockneter Schinken *(prosciutto)* aus San Daniele oder Cormons, genauso wie der geräucherte Speck aus Sauris.

Eine Pasta-Spezialität sind *bigoli*, dunkle Vollkornspaghetti *con salsa*, mit Zwiebeln und Sardinen. Daneben gibt es sämige *risotti*, vom klassischen *risi e bisi* (Reis mit jungen Erbsen und Zwiebeln) bis hin zu fantasievollen Kombinationen mit Meeresfrüchten, speziell der mit Sepiatinte zubereitete *risotto nero*, Pilzen und verschiedenen Gemüsesorten. Im Frühling tauchen der weiße Spargel *(asparago)* von Bassano und grüne *bruscandoli*, wilde Hopfensprossen, auf den Speisekarten auf. Zur Pilzzeit dominieren *porcini* (Steinpilze) und *finferli* (Pfifferlinge). Ein besonders feines Wintergemüse ist der dunkelrote *radicchio rosso di Treviso*. *Polenta* aus weißem oder gelbem Maismehl ist die klassische Beilage. Als traditioneller Sattmacher wird *pasta e fagioli*, ein Eintopf aus Nudeln und dicken Bohnen, serviert.

Einheimische Käsesorten sind der *Montasio*, der *Asiago* und der *Provolone*. Unvergesslich auch die *gelati* – die Eismacher aus dem Cadore haben die kühle Köstlichkeit hier eingeführt.

Im Friaul sind die Speisen deftiger und gehaltvoller als im Veneto. Man liebt Würste, auch zum Wein: *luganje*, *palmone* oder *muset e brovada*, Wurst vom Schwein mit eingelegtem Rettich, *jota*, eine Suppe aus Bohnen, Sauerkraut, Kartoffeln und Schweinefleisch, oder *frico*, ein Fladen aus gerie-

WEINE DER REGION

Vom Etschtal bis zur slowenischen Grenze ist die Südflanke der Alpen Weinland. Zwischen Trient und Triest wird der größte Teil italienischer Qualitätsweine aus kontrolliertem Anbau (DOC) produziert. Neben den verbreiteten Sorten Pinot Grigio und Pinot Bianco, Sauvignon und Chardonnay (weiß) sowie Merlot und Cabernet (rot) gibt es auch einheimische Rebsorten wie *Amarone* im Valpolicella, *Verduzzo* und roten *Refosco* im Friaul. In den berühmten Anbaugebieten Valpolicella und Soave > **S. 105** setzen die Winzer inzwischen wieder mehr auf Qualität als auf Masse. Eine steile Karriere erlebte der im Champagnerverfahren verarbeitete *Prosecco* aus Valdobbiadene und Conegliano nördlich von Treviso > **S. 144.** Die feinsten und teuersten Weißweine stammen aus dem östlichen Friaul, dem Collio Goriziano und den Colli Orientali entlang der slowenischen Grenze. Dort ist die klassische Sorte der *Tocai Friulano*. Aus der Kellerei von Edi Keber in Zegla bei Cormons kommt der preisgekrönte *Collio*, ein vielschichtiger Cuvée > **S. 119.**

Das Angebot an exzellenten Weinen zwischen Trient und Triest ist groß

benen Kartoffeln und Montasio-Käse. In Karnien bereitet man *cjaslons* zu, Teigtaschen mit süßer oder pikanter Füllung.

In den traditionellen Gasthäusern des Friaul sitzt man, zumindest in der kühleren Jahreszeit, rustikal gemütlich um den *focolâr,* einen gemauerten Herd mit Kaminhaube.

BUCH-TIPP:

Gisela Hopfmüller, Franz Hlavac, Unsere Friaul-Rezepte (Pichler Verlag, 2014). Die besten Rezepte der friulischen Küche nach Jahreszeiten präsentiert!

SHOPPING

Wein aus dem Collio, feinstes Olivenöl aus dem Karst, Reis aus der Bassa Veronese oder Schinken aus Cormons – Naturprodukte gibt es direkt beim Erzeuger in vorzüglicher Qualität allerdings oft zu stolzen Preisen.

Denn viele sind wahre Künstler ihres Fachs und arbeiten besessen an der Verfeinerung ihrer Produkte. Beliebte Souvenirs aus Venedig sind handgeschöpftes Papier, Muranoglas und farbenprächtige Masken. Schnäppchenjäger können ganze Tage beim Wühlen in den Fabrik-Outlets der großen Modemarken wie Benetton oder Geox verbringen (z. B. Diesel Outlet, Via Marco Polo 1, Noventa di Piave, www.diesel.com, oder Palmanova Outlet › S. 141, Weitere Outlets mit Öffnungszeiten: www.factory-outlet-italy.com). Trotz vieler Filialisten wird jeder Stadtbummel dank der nach wie vor gut vertretenen kleinen Boutiquen und Läden zum Shoppinggenuss.

Santa Maria della Salute wacht in Venedig über die Einfahrt zum Canal Grande

TOUREN & SEHENSWERTES

VENEDIG, ADRIAKÜSTE & DAS SÜDLICHE VENETO

Markttag auf der Piazza delle Erbe in Padua

Überwältigende Kunstschätze in Venedig, der Serenissima, sowie in Aquileia und Padua, Badefreuden entlang der Adria, Naturerleben im Podelta und in der Lagune von Grado, Wellness in der Hügellandschaft der Colli Euganei.

Die Lagunenlandschaft zwischen Podelta und Grado prägt die Urlaubsregion. Inseln, Sandbänke, Kanäle und Flussarme lassen die Grenzen zwischen Land und Wasser verschwimmen. Es gibt ineinander übergehende Badeorte von Grado bis Jesolo, eine verwunschene Natur für Genussradler oder Bootsfahrer im weit verzweigten Flussdelta und hochkarätigen Kunstgenuss in der faszinierenden Lagunenstadt Venedig. Aber auch Städte wie Chioggia geizen nicht mit Reizen, und das altehrwürdige Aquileia mit seinen Zeugnissen römischer und frühchristlicher Architektur und Kunst gehört wie die Serenissima zum UNESCO-Weltkulturerbe.

Das Hinterland kann in kultureller Hinsicht problemlos mithalten: Auch Padua ist stolz auf sein Weltkulturerbe, den 1545 angelegten Orto Botanico, und Kirchen und Kapellen, deren Ausstattung Besuchern den Atem stocken lässt. Ein Abstecher auf dem Brentakanal führt zu prachtvollen Villen, erbaut von venezianischen Adeligen als Sommerfrische. Südwestlich davon dreht sich in der Thermenlandschaft der Colli Euganei alles um Gesundheit, Wohlbefinden und Entspannung.

TOUREN IN DER REGION

TOUR 1

FAHRT AUF DEM BRENTAKANAL

ROUTE: Padua (Portello) > Villa Pisani di Strà > Villa Barchessa Valmarana / Villa Widman > Villa Foscari »La Malcontenta« > Venedig (Riva degli Schiavoni)

KARTE: Seite 50
DAUER: 33 km; 10 Std.
PRAKTISCHEE HINWEISE:

- Der Burchiello verkehrt von Mitte März–Anfang Nov., Abfahrt Mi, Fr bis So um 8 Uhr in Padua am Pontile del Portello (vom Bahnhof Bus Nr. 18 Richtung Ponte di Brenta), Di, Do und Sa um 9 Uhr am Pontile della Pietà an der Riva degli Schiavoni in Venedig in Gegenrichtung.

TOUREN IM SÜDLICHEN VENETO

TOUR 1

FAHRT AUF DEM BRENTAKANAL

Padua (Portello) > Villa Pisani di Strà > Villa Barchessa Valmarana / Villa Widman > Villa Foscari »La Malcontenta« > Venedig (Riva degli Schiavoni)

TOUR 2

COLLI EUGANEI & PODELTA

Padua > Abano Terme > Teolo > Arquà Petrarca > Monselice > Este > Montagnana > Rovigo > Adria > Porto Viro > Chioggia

- Die Bootspartie dauert einen ganzen Tag, Rückfahrt jeweils per Bus.
- Kosten ca. 100 €. Infos und Buchung in Padua unter Tel. 04 98 76 02 33 oder über www.ilburchiello.it.

TOUR-START:

Beliebtester Standort für venezianische Landvillen waren die Ufer des Brentakanals. An den 33 km langen Wasserlauf entstanden ab dem 17. Jh. mehr als 150 prunkvolle Landhäuser. Von **Padua** 13 › S. 74 fahren die Boote, die Schleuse von Noventa Padovana durchquerend, zunächst nach Strà, wo die Villa Pisani das erste Ziel darstellt: Der Doge Alvise Pisani nahm sich für seinen Landsitz kein geringeres Vorbild als das Versailler Schloss und ließ sich 1756 einen barocken Protzpalast mit 114 Räumen errichten, mit deren Ausstattung er u. a. Giovanni Battista Tiepolo beauftragte. Ende des 19. Jhs. ging die Villa in den Besitz des Staates über, seither trägt sie den Beinamen »La Nazionale« (Via Doge Pisani 7, Strà, April–Sept. Di–So 9–19, Okt. bis März 9–17 Uhr, www.villapisani.beniculturali.it).

Das Schiff gleitet dahin: Die mit Fresken geschmückte Villa Soranzo (16. Jh.) wurde von Benedetto Caliari, einem Bruder Paolo Veroneses, bemalt, die Villa Angeli in Dolo entwarf Anfang des 16. Jhs. Vincenzo Scamozzi. Historische Wassermühlen stehen am Fluss, bei Dolo ist eine Schleuse zu überwinden. In

Mira, wo eine weitere Schleuse wartet, wird entweder die **Villa Widmann** (Ende 18. Jh.) oder die **Villa Barchessa Valmarana** (17. Jh.) besichtigt. Erstere gehörte einer reichen persischen Kaufmannsfamilie, die sich einen Rokokoballsaal mit üppigem Freskenschmuck von Giuseppe Angeli leistete (Mai–Sept. tgl. 10–18, März/April tgl. 10–17, Okt. Di–So 10–17, Nov.–Febr. Sa/So 10 bis 17 Uhr). Von der Villa Barchessa Valmarana sind nur zwei Gästehäuser erhalten, das eine als malerische Ruine, das andere als pompös ausgebaute Villa (März–Okt. Di–So 10–18, sonst Sa/So 10–16.30 Uhr, www.villavalmarana.net).

Über das alte Städtchen **Oriago** und vorbei an der **Villa Gradenigo** (16. Jh.) nähert sich das Boot der **Villa Foscari** in Malcontenta, ein Entwurf des großen Baumeisters Andrea Palladio. Er setzte bei » La Malcontenta« auf strenge formale Zurückhaltung, die sich auch in den Innenräumen widerspiegelt (April bis Okt. Di, Do–So 9–12 Uhr oder mit Anmeldung, Tel. 04 15 47 00 12, www.lamalcontenta.com).

Die Tour endet in **Venedig** 1 › S. 58 am Riva degli Schiavoni, nahe der Kirche Santa Maria delle Pietà unweit des Markusplatzes.

Wer übrigens Lust bekommen hat, unterwegs stilvoll zu nächtigen, der kann sich entsprechend einquartieren. Sowohl die Villa Ducale in Dolo (€€€, Tel. 04 15 60 80 20, www.villaducale.it) als auch die Villa Margherita in Mira (€€€, Tel. 04 14 26 58 00, www.villa-margherita.com) bieten sich dafür an.

TOUR 2

COLLI EUGANEI & PODELTA

ROUTE: Padua › Abano Terme › Teolo › Arquà Petrarca › Monselice › Este › Montagnana › Rovigo › Adria › Porto Viro › Chioggia

KARTE: Seite 50
DAUER: 160 km; 2–3 Tage
PRAKTISCHE HINWEISE:
- Diese Tour sollte man mit dem Auto unternehmen.
- Eine detaillierte Karte im Maßstab von 1 : 200 000 leistet unterwegs gute Dienste, weil man viel auf Nebenstraßen unterwegs ist.

TOUR-START:

Südwestlich von **Padua** 13 › S. 74 ragen die Colli Euganei bis zu 600 m aus der Ebene. Im Mikroklima der Hügel gedeihen auch Olivenbäume und Feigenkakteen, an den Hängen Wein und Obst. Einen ersten Stopp sollte man im Kurbad **Abano Terme** 14 › S. 80 einlegen, wo Heilquellen zahlreiche Beschwerden lindern oder ganz einfach zur Entspannung einladen. Durch die Colli Euganei geht es Richtung Westen zur ehrwürdigen **Abbazia di Praglia** 16 › S. 82. Vorbei an Weingärten und Villen fährt man im Anschluß weiter nach Luvigliano, wo Falconettos Villa dei Vescovi (16. Jh.) den Hang eines Hügels beherrscht (April–Okt.

Mi–Sa 10–18, So 10–19, März und Nov. Mi–So 10–17 Uhr, www.visitfai.it). Über Torreglia Vecchia erhebt sich der Monte Rua (416 m) mit einer Kamaldulensereinsiedelei (Eremo del Rua). Von oben eröffnet sich ein wunderschöner Panoramablick über die Colli Euganei. Die gute regionale Küche und ein idyllischer Gastgarten sind die Trümpfe des Rifugio Monte Rua (€€, Tel. 04 95 21 10 49, www.ristoranterifugiomonterua.it, Di geschl.).

Nächstes Etappenziel ist Teolo, der Ort, aus dem der römische Geschichtsschreiber Titus Livius stammen soll. Das Kurzentrum ist Ausgangspunkt für schöne Spaziergänge. Der Palazzetto dei Vicari, in dem die venezianischen Statthalter residierten, beherbergt ein Museum zeitgenössischer Kunst »Dino Formaggio« (April–Okt. Di, Do, So 15–19, sonst So 15–19 Uhr).

Auf der Weiterfahrt lohnt ein Halt an der Villa Sceriman in Boccon (südöstl. von Vo'), dem Spitzengut im Weinbauzentrum Vo' Euganeo. Mittelpunkt ist eine elegante Barockvilla mit Garten und Enoteca (www.villasceriman.it, März–Nov. Mo–Sa 10–12, 15–19, Dez.–Febr. 10–12, 15–18 Uhr). Nahe Valsanzibio schmückt sich die Villa Barbarigo mit einem Garten aus dem 17. Jh. Vom Haupteingang (Bad der Diana) steigen Terrassen mit Wasserbecken und Statuen an. Eine Besonderheit ist das barocke, 1500 m lange Buchsbaumlabyrinth (Garten: März bis Dez. tgl. 10–13 und 14 Uhr bis Sonnenuntergang, www.valsanzibiogiardino.it).

Die erste Etappe endet in **Arquà Petrarca** 17 › S. 82, ein hübsches Städtchen und vermutlich letzte Ruhestätte von Francesco Petrarca, eines der größten Dichter Italiens. Nordöstlich davon liegt Battaglia Terme. Der Canale di Battaglia in Richtung Padua war einst ebenso von Villen gesäumt wie der Brenta-

Die Hügel der Colli Euganei sind vulkanischen Ursprungs

Karte S. 50

kanal › S. 49. Besichtigen kann man das Castello del Catajo (1570–1573), die Villa eines venezianischen Condottiere, mit einem englischen Landschaftsgarten (April–Aug. So, Di, Do/Fr 15–19, März und Sept. bis Nov. So, Di, Do/Fr 14.30–18.30 Uhr, www.castellodelcatajo.it). Ein unbezwingbarer Fels wacht über **Monselice** 18 › S. 82. Von dort geht es gen Westen über **Este** 19 › S. 84 ins mauerngeschützte **Montagnana** 20 › S. 84, wo am dritten Maiwochenende ein Schinkenfest gefeiert wird.

Ein Kontrastprogramm zur Hügelwelt bildet das weitverzweigte, 400 km² große Podelta. Mehrfach änderte der Hauptarm seinen Lauf nach Überschwemmungen. Seit der Römerzeit wurde das Land durch Trockenlegung urbar gemacht und durch Dämme geschützt.

Für die Fahrt nach Rovigo empfiehlt sich die Nebenstrecke über Sant'Elena d'Este (Villa Miari de' Cumani mit Park, Febr.–Nov. tgl. 9.30–12.30, 14.30–19.30 Uhr, Tel. 34 65 82 46 02) und Vescovana (Villa Pisani mit Freskensälen und Park, April–Mitte Okt. Mo–Fr 9–12 und 13.30–17, sonst Mo–Fr 10–12 und 13.30–16 Uhr, www.villapisani.it). In der Umgebung von Rovigo, Hauptstadt (53 000 Einw.) des Polesine, steht eine der interessantesten Palladio-Villen: die Villa Badoer (1566). Der Entwurf ist von klassischer Schönheit und verbindet den zentralen Kubus mit kurvig ausschwingenden Seitenflügeln (Sa/So 9.30–12.30, 15–18.30 Uhr).

Adria (22 000 Einw.) war einer der größten Häfen an dem Meer, das heute seinen Namen trägt. Inzwischen liegt der Ort 25 km von der Küste entfernt. Und die Pomündung schiebt sich jährlich 60 m weiter ins Meer vor. Das Museo Archeologico Nazionale dokumentiert die große Vergangenheit des 6.–1. Jhs. v. Chr. (Via Badini 59, tgl. 8.30–19.30 Uhr, www.polomuseale

TOUR AN DER ADRIAKÜSTE

TOUR 3

ANTIKE, STRÄNDE & LAGUNEN

Venedig › Portegrandi › Jesolo › Caorle › Portogruaro › Bibione › Lignano › Aquileia › Grado

veneto.beniculturali.it). Wenn Sie sich in die Landschaft verliebt haben, dann quartieren sie sich in der eleganten Tenuta Ca' Zen (€€, Località Ca' Zen, Taglio di Po, Mobiltel. 33 98 68 87 15, www.tenutacazen.com) ein, um von hier aus das Podelta per Boot, Rad, Pferd oder zu Fuß intensiv zu erkunden. > mehr S. 12 Punkt 3 Einen endlos weiten Strand, die Spiagga di Barricata, finden Sie bei Porto Tolle.

Über Porto Viro und Rosolina, in dessen Nähe der Agriturismo San Gaetano in einem urigen Scheunenrestaurant köstliche Delta-Spezialitäten serviert (€€, Via Moceniga 22, Mobiltel. 34 78 46 38 33, www.sangaetanorosolina.it, im Winter Di geschl.), führt die Tour auf direktem Weg ins hübsche **Chioggia** 12 > S. 73. Tipp: Landschaftlich sehr viel reizvoller ist die zwischen Meer und Land durch die Welt der Lagune mäandernde Straße vom Oratorio Mazzucco bis Portesine.

TOUR 3

ANTIKE, STRÄNDE & LAGUNEN

ROUTE: Venedig > Portegrandi > Jesolo > Caorle > Portogruaro > Bibione > Lignano > Aquileia > Grado

KARTE: Seite 54
DAUER: 250 km; 2 Tage
PRAKTISCHER HINWEIS:
- Unternehmen Sie diese Tour nicht in den Monaten Juli, August, dann stehen Sie an den Lidos und deren Zufahrtsstraßen in endlosen Staus. Wer früh genug startet, kann die Tour an einem Tag absolvieren.

TOUR-START:

An der Badeküste sind Kirchen des frühen Christentums erhalten. Die

 Karte S. 54

antike Via Annia im Hinterland säumen einige römische Ruinen. Die Tour führt zunächst meernah und an Venedigs Flughafen Marco Polo vorbei nach Portegrandi. Um die Verlandung durch die Anschwemmungen der Flüsse zu verhindern, lenkte Venedig den Unterlauf von Sile, Piave und Livenza im 16./17. Jh. in Gebiete außerhalb der Lagune ab. Das Besucherzentrum des Naturparks Sile informiert über Flora, Fauna und Ökologie der noch sehr ursprünglichen Wasserlandschaft (Via Raffaello 12, Tel. 04 22 678 90 41, www.parcosile.it).

In **Jesolo** 4 › S. 68 bietet sich ein Abstecher zum Strand an. Sonst geht es über Eraclea Mare an der Küste entlang bis **Caorle** 5 › S. 69 mit einer romanischen Kathedrale. Dann fahren Sie landeinwärts nach Portogruaro. Die reizvolle Altstadt am Flüsschen Lemene begeistert mit gotischem Rathaus, mittelalterlichen Laubenhäusern und zwei Flussmühlen (15. Jh.). Sehenswert ist das Museo Nazionale Concordiese mit Fundstücken aus Concordia Sagittaria (Via del Seminario 26, tgl. 8.30–19.30 Uhr). Zur Übernachtung in Portogruaro eignet sich das zentral gelegene Hotel Spessotto (€€, Via Roma 2, Tel. 0 42 17 10 40, www.hotelspessotto.it).

Bevor es wieder zurück ans Meer geht, empfiehlt sich noch ein kurzer Schlenker nach Norden ins 9 km entfernte Sesto al Reghena mit seiner ehemaligen, um 1200 erbauten Benediktinerabtei Santa Maria in Silvis, dem stimmungsvollen mittelalterlichen Kirchenkomplex (Mo bis Sa 9–12, 15–18, So 9–10.15, 11.30 bis 12, 15–18 Uhr, www.abbaziasestoalreghena.it).

Über Concordia Sagittaria, das im Umkreis der Kathedrale (Baptisterium 1098) römische und frühchristliche Relikte bewahrt, geht es an der Adriaküste nach **Bibione** 6 › S. 70 und **Lignano** 7 › S. 70.

Kanäle verbinden das hübsche Städtchen Portogruaro mit der Lagune von Venedig

Von hier führt der Weg im großen Bogen um die Laguna di Marano zum eindrucksvollen UNESCO-Weltkulturerbe **Aquileia** 11 › S. 72 mit der einzigartigen romanischen Kathedrale. Danach endet die Tour in **Grado** 9 › S. 70, das abseits vom Lido mit ruhige Seiten überrascht.

TOUR 4

AM CANAL GRANDE

ROUTE: Piazzale Roma › Ponte Rialto › Ponte dell'Accademia › Piazza San Marco

KARTE: Seite 60
DAUER: ca. 45 Min.
PRAKTISCHER HINWEIS:

- Das Vaporetto der Linie 1 benötigt vom Piazzale Roma bis San Marco etwa 45 Min. Man kann die Fahrt aber nach Lust und Laune unterbrechen. Das einfache Ticket (gültig 75 Min.) kostet 7,50 €. Durchaus lohnend ist der Kauf einer Tageskarte (20 €/24 Std., www.actv.it).

TOUR-START:
Ein schöner Einstieg ins prunkvolle Venedig ist die verkehrsreiche Piazzale Roma nicht, aber nur so können Sie unter dem 2008 errichteten Ponte della Costituzione von Santiago Calatrava hindurchfahren. Nach dem Bahnhof und dem Ponte degli Scalzi legt das Vaporetto am rechten Ufer (*Riva del Biasio*) an. Nächster Halt ist *San Marcuola* gegenüber dem im 13. Jh. erbauten Fondaco dei Turchi. Hinter der von Türmchen flankierten Fassade im veneto-byzantinischen Stil lagerten ab dem 17. Jh. türkische Händler ihre Waren. Am linken Ufer, im Renaissancebau des Palazzo Vendramin-Calergi verstarb 1883 Richard Wagner. Heute befindet sich hier das Spielkasino. Am nächsten Stopp *San Stae* steht die barocke Ca' Pesaro › S. 67, entworfen von Baldassare Longhena (1598–1682), einem in Venedig viel beschäftigten Architekten. Anschließend steuert das Vaporetto auf die Ca' d'Oro zu, das von den Brüdern Giovanni und Bartolomeo Bon 1420–34 errichtete Meisterwerk venezianischer Gotik, dessen Fassade ursprünglich mit Blattgold überzogen war. Fürs Kontrastprogramm sorgt gegenüber die Pescheria, der Fischmarkt, auf dem die Händler allmorgendlich ihren frischen Fang feilbieten. Auf der Fahrt zum Halt *Rialto* sehen Sie links Venedigs ältesten Palazzo, die Ca' da Mosto aus dem 13. Jh. Dann passiert das Schiff die weltbekannte **Rialto-Brücke** H › S. 63.

Es folgen weitere Paläste aus Gotik und Renaissance, so Ca' Farsetti und Ca' Loredan gegenüber der Station *San Silvestro* oder der Palazzo Corner-Spinelli neben *San Angelo*. Die Ca' Rezzonico › S. 67 an der gleichnamigen Anlegestelle ist spätbarock (17./18. Jh., B. Longhena). Der klassizistische Palazzo Grassi bei *San Samuele* zeigt die Sammlung Pinault › S. 67 in von Tadeo Andos puristisch gestalteten Sälen.

Unter dem Ponte dell'Accademia hindurch nimmt das Vaporetto das letzte Teilstück des Kanals in Angriff. VOn der Station *Giglio* hat man einen idealen Blick auf das Gelände mit dem Flachbau des Palazzo Venier dei Leoni am gegenüberliegenden Ufer. Er wurde im 18. Jh. begonnen, aber nie vollendet und beherbergt Peggy Guggenheims Kunstsammlung › S. 67. Gleich daneben beschwört die mit Marmorintarsien geschmückte Fassade der Ca' Dario Geschmack und Stil der venezianischen Frührenaissance.

An der Station *Salute* sollten Sie auf jeden Fall die grandiose Pestkirche Santa Maria della Salute besuchgen, die Baldassare Longhena ab 1631 auf einer Million Pfählen errichtete. Die benachbarte Punta della Dogana, die alte Zollstation, gestaltete Tadeo Ando für François Pinault zum Museumsbau › S. 67 um. Zum Abschluss der Tour lassen Sie die ganze Pracht Venedigs auf sich wirken, wenn das Vaporetto den Markusplatz passiert.

VERKEHRSMITTEL

Die Region lässt sich mit Bahn, Bus und Schiff bereisen (www.trenitalia.com, www.atvo.it und www.actv.it), doch abseits gelegene Sehenswürdigkeiten sind nur mit dem Pkw problemlos erreichbar. Das Podelta und der Brentakanal sind wunderbar per Fahrrad zu erkunden (z.B. ab Padua, Forever Bike unterhält mehrere Verleihstationen, auch für E-Bikes, www.foreverbike.com, 18 €/Tag, 25 €/Woche).

UNTERWEGS IN DER REGION

VENEDIG 1 L10

Millionen verfallen jedes Jahr dem Zauber der »Serenissima«, selbst wenn sie wie die Mehrzahl als Tagesbesucher nur einen hektisch-flüchtigen Blick auf die Schätze der Lagunenstadt erhaschen konnten. Versuchen Sie wenn irgend möglich wenigstens drei Nächte in Venedig zu bleiben und erleben Sie die Stadt, wenn der Tross der Eiligen weitergezogen ist!

BUCH-TIPP:

Eine ausführliche Beschreibung der Lagunenstadt finden Sie im Band Venedig der Reihe POLYGLOTT on tour.

GESCHICHTE

Der 25. März 421 gilt als legendäres Gründungsdatum der Stadt. Die Völkerwanderung zwang die Festlandsbewohner im 5./6. Jh. zur Flucht auf die Laguneninseln. Auf Malamocco entwickelte sich das Gemeinwesen, 697 wurde der erste Doge gewählt. 811 zogen die Siedler um nach Rialto, das besser zu verteidigen war. Mit den 829 aus Alexandria geraubten Markusreliquien unterstrich die Stadt ihren Machtanspruch gegenüber Aquileia.

Zwischen dem 9. und dem 15. Jh. stieg Venedig zur beherrschenden Seemacht im östlichen Mittelmeerraum auf.

Venedigs unangefochtener Besuchermagnet ist die Piazza San Marco

Erst das Vordringen der Osmanen und die Ansprüche der Habsburger schwächten Venedig. Durch die Verlagerung des Welthandels auf den Atlantik verlor es an wirtschaftlichem Einfluss. 1797 besiegelte Napoleons Eroberung das Ende der Seerepublik. Die Stadt war fortan Spielball wechselnder fremder Mächte, bis sie sich 1866 dem geeinten Italien anschloss und schließlich Hauptstadt der Provinz Veneto wurde.

PIAZZA SAN MARCO d7–e8

Die schönste Annäherung an das Gesamtkunstwerk Markusplatz erleben Sie vom Wasser aus. Den Vordergrund beherrschen die beiden Säulen mit dem geflügelten Löwen als Symbol der Seemacht und dem hl. Teodoro, Venedigs erstem Stadtpatron vor dem hl. Marco. Dahinter erhebt sich links der Campanile, rechts die Fassade des Palazzo Ducale, einst Sitz der Dogen, schließlich das kuppelgekrönte Mosaik-Wunderwerk der Markusbasilika.

BASILICA DI SAN MARCO

A 2 d/e8

Für die Markus-Reliquien wurde bereits 832 ein erstes Gotteshaus geweiht. Die Basilika in ihrer heutigen Form mit dem Grundriss eines griechischen Kreuzes stammt aus dem 11. Jh. und wurde gotisch verändert. Die reich dekorierte **Fassade** mit Steinmetzarbeiten aus istrischem Sandstein, goldglänzenden Mosaiken, den Duplikaten von 1204 in Byzanz erbeuteten, antiken Bron-

TOUR IN VENEDIG

TOUR 4

AM CANAL GRANDE

- A Basilica di San Marco
- B Campanile
- C Palazzo Ducale
- D Ala Napoleonica
- E Torre dell'Orologio
- F Santi Giovanni e Paolo
- G Chiesa di S. Maria dei Miracoli
- H Rialto-Brücke
- I Rialto-Märkte
- J Campo San Polo
- K Santa Maria Gloriosa dei Frari
- L Scuola Grande di San Rocco
- M Galleria dell'Accademia
- N San Giorgio Maggiore

zepferden und den schweren Bronzetüren gibt einen Vorgeschmack auf die Kunstschätze im Inneren. Der steinerne **Mosaikfußboden** stammt teils noch aus der Erbauungszeit der Basilika und wirkt wie ein orientalischer Teppich. Etwa 4000 m² des Kirchenraums bedecken die **Mosaiken.** Sie erzählen dem byzantinischen Kanon folgend Geschichten aus dem Alten (Narthex) und Neuen Testament – gewissermaßen als Bilderbuch für des Lesens unkundigen Gläubigen. Ein Großteil der Moasiken stammt aus dem 13. Jh., wie die wunderbare Darstellung in der zentralen Himmelfahrtskuppel. Sie zeigt Christus schwebend in einem von Engeln gestützten Himmel.

Weitere Kunstwerke in San Marco: die Skulpturen Mariens, der zwölf Apostel und des hl. Markus (14./15. Jh.) auf der **Ikonostase** und die kostbare, 3,48 × 1,40 m messende **Pala d'Oro:** Unzählige Perlen und Edelsteine schmücken den goldenen Altaraufsatz (11.–14. Jh.). Ein Besuch des **Museo di San Marco** über der Vorhalle ist wegen des guten Blicks auf die Mosaiken wie auch auf den Markusplatz zu empfehlen (Basilika/Pala d'Oro Mo–Sa 9.30–17, So 14–16.30, Museo di San Marco tgl. 9.45–16.45 Uhr, www.basilicasanmarco.it, Eintritt Basilika frei, Pala d'Oro 2 €, Museum 5 €).

CAMPANILE Ⓑ e8

Der 98 m hohe Turm wurde im 12. Jh. als Wacht- und Leuchtturm errichtet. Seine vom Erzengel Gabriel gekrönte Spitze erhielt er im 15. Jh. Erdbeben und Blitzeinschläge verursachten wiederholt Schäden. 1902 stürzte er ein, wurde aber originalgetreu wiederaufgebaut. Ein Aufzug fährt hinauf zu einem der schönsten Aussichtspunkte Venedigs (Juli–Sept. tgl. 9–21, April bis Juni, Okt. tgl. 9–19, Nov.–März 9.30–15.45 Uhr, Eintritt 8 €).

PALAZZO DUCALE Ⓒ e8

Der elegante Dogenpalast war von 802 bis 1797 Venedigs politisches Machtzentrum. Dank der hellen Marmorverkleidung wirkt der große Bau geradezu zierlich. Feine Figurenreliefs schmücken die Säulen der Arkaden, darüber strukturieren Spitzbogenfenster die Fassade.

An der 1440 erbauten **Porta della Carta** konnten venezianische Bürger Petitionen abgeben oder Erlasse des Rates lesen. Darüber kniet der Doge Francesco Foscari vor dem venezianischen Löwen, überwacht von der Göttin der Gerechtigkeit. Hauptanziehungspunkt im Innenhof ist die **Scala dei Giganti,** auf der die Dogen gekrönt wurden – unter den Augen der monumentalen Statuen von Neptun und Mars von Jacopo Sansovino (16. Jh.).

Die prunkvolle **Scala d'Oro** führt in Verwaltungs- und Privattrakte, die nach einem Brand 1577 hauptsächlich im Stil der venezianischen Renaissance u. a. von den Werkstätten Veroneses und Tintorettos neu ausgestattet wurden. Bestens dokumentiert ist der Malwettbewerb um den Auftrag für das Bild in der prunkvollen **Sala del Maggior Consiglio,** dem Saal des Großen

Der Ponte di Rialto, der den Canal Grande überbrückt, ruht auf 12 000 Eichenstämmen

Rats. Tintoretto gewann und fertigte mit dem 7 × 22 m großen »Paradies« das größte je auf Leinwand aufgetragene Gemälde der Kunstgeschichte an.

Den schauerlichen Abschluss des Rundgangs bilden die Gefängniszellen der **Prigioni Nuove,** bei deren Besichtigung man auch die berühmte **Seufzerbrücke** überquert (April–Okt. tgl. 8.30–19, Nov. bis März 8.30–17.30 Uhr, Kassenschluss jew. 1 Std. früher, www.palazzoducale.visitmuve.it, Kombiticket Museen am Markusplatz 20 €).

PROKURATORIEN UND TORRE DELL'OROLOGIO

Die eigentliche Piazza San Marco – der schmale Platz zwischen Campanile und Dogenpalast heißt Piazzetta – wirkt wie aus einem Guss. Im 16. Jh. erhielt sie mit den **Procuratie Vecchie** (Nordseite, ab 1500) und den **Procuratie Nuove** (Südseite, ab 1583) ihre heutige Form. Der verbindende Quertrakt **Ala Napoleonica** D e7, 1807 im Auftrag Napoleons errichtet, birgt das **Museo Correr** mit einer sehenswerten Sammlung zur Stadtgeschichte, die Kunstwerke von in Venedig tätigen Malern und Bildhauern präsentiert (April–Okt. 10–19, Nov. bis März 10–17 Uhr, www.visitmuve.it). Ein Blickfang ist die Ende des 15. Jhs. erbaute **Torre dell'Orologio** E d8 mit seiner 24-Stunden-Uhr und den beiden Bronzehünen, die die Uhrglocke schlagen (www.torreorologio.visitmuve.it, nur mit Voranmeldung Führungen: in Ital. tgl. 13, 16, in Engl. Mo–Mi 11, 12, Do bis So 14, 15 Uhr, 12 €).

VOM MARKUSPLATZ ZUR RIALTO-BRÜCKE

Schlagen Sie auf dem Weg vom Markusplatz zum Ponte Rialto einen kleinen Bogen zum zauberhaften **Campo Santa Maria Formosa,** den elegante Palazzi säumen und in dessen Mitte sich die gleichnamige Kirche (17./18. Jh.) erhebt.

Ein paar Gassen weiter erreichen Sie das von den Venezianern Zanipolo genannte Dominkanerkloster **Santi Giovanni e Paolo** F b9. Der Ziegelbau wurde 1330–1450 errichtet und präsentiert sich mit seiner gen Himmel strebenden Architektur im Geist der Gotik. Gräber zahlreicher Dogen sind in der Kirche zu besichtigen, Gemälde und Ausstattung stammen von Künstlern wie Vivarini, Bellini und Veronese (tgl. 7.30–18.30 Uhr, 3.50 €). Die ehemalige **Scuola di San Marco** daneben fällt durch ihre aus vielfarbigem Marmor gestaltete Renaissancefassade ins Auge.

Ein kleines Wunderwerk ist die zierliche **Chiesa di S. Maria dei Miracoli** G b8 ein paar Gassen westlich. Ende des 15. Jhs. wurde sie für ein wundertätiges Marienbild erbaut. Marmor, Serpentin und Porphyr lassen die Fassade leuchten, im Inneren blicken Propheten und Heilige von der Decke auf feinste Werke der Bildhauerkunst (Mo–Sa 10.30–16.30 Uhr).

RIALTO-BRÜCKE H c7 UND SAN POLO

Seit Ende des 12. Jhs. gibt es hier einen Übergang über den Canal Grande. Ende des 16. Jhs. bekam Antonio dal Ponte den Auftrag für eine Steinbrücke, auf der teuer vermietete Läden einen Beitrag zu den Baukosten leisten sollten. Besonders vormittags ist der Blick vom Scheitelpunkt auf das bunte Treiben von Vaporetti, Lastkähnen, Gondeln und Taxibooten auf dem Canal Grande ein Erlebnis. Die Szene erinnert verblüffend an die Veduten Canalettos, die in der Ca' Rezzonico › S. 67 zu bewundern sind.

Lebhaft geht es auch nordwestlich der Brücke, auf den **Rialto-Märkten** I b7 zu, besonders am Fischmarkt, Campo della Pescheria.

Im Gewirr enger Gassen überrascht der **Campo San Polo** J c5 durch seine Größe. Hier wurden früher Stierjagden veranstaltet, Messen abgehalten und rauschende Bälle gefeiert. In der Kirche San Polo verdienen Jacopo Tintorettos »Letztes Abendmahl« und Giandomenico Tiepolos Kreuzwegbilder nähere Betrachtung.

Bloß ein paar Gassen weiter westlich zieht **Santa Maria Gloriosa dei Frari** K c4 durch ihre schiere Größe die Aufmerksamkeit auf sich. Ihr gotischer, geschickt ausgeleuchteter Innenraum birgt die Grabpyramide Antonio Canovas. Ihm gegenüber ist das Malergenie Tizian beigesetzt, ein antiker Tempel samt Markuslöwe ziert sein Grab. Seine »Assunta«, leuchtet farbintensiv über dem Hochaltar (Mo–Sa 9–18, So 13–18 Uhr).

Die **Scuola Grande di San Rocco** L c/d3 dahinter trägt den genialen Stempel Jacopo Tintorettos. Er bekam den Auftrag, den elegan ten Renaissancebau der Färbergilde mit einem Bilderzyklus auszustatten. Dieser besteht aus 56 Gemälden (1564–88), die sich auf das Erdgeschoss und den atemberaubenden großen Saal in der ersten Etage verteilen (www.scuolagrandesanrocco.it, tgl. 9.30–17.30 Uhr, 10 €). › mehr S. 15 Punkt 22

Tintorettos »Kreuzigung« in der Scuola Grande di San Rocco

GALLERIA DELL'ACCADEMIA

M 3 f4

Seit 1807 logiert die Accademia im ehemaligen Konvent Santa Maria della Carita, einem schlichten Ziegelbau, und zwei Nebengebäuden. Napoleon ließ das Museum mit Werken aus säkularisierten Kirchen bestücken. Über 800 Gemälde von der Gotik bis zum Hochbarock werden in 24 Sälen präsentiert. Vertreten sind Künstler wie Bellini, Carpaccio, Tintoretto, Veronese und Tizian (www.gallerieaccademia.it, Mo 8.15–13, Di–So 8.15 bis 19.15 Uhr, 12 €).

SAN GIORGIO MAGGIORE N g9

Andrea Palladios Stil- und Formensprache › S. 114 auf der seit dem 10. Jh. besiedelten Klosterinsel ist weithin sichtbar. Von 1566 bis 1610 wurde an dem Gotteshaus gebaut, dessen äußere Monumentalität im Inneren einer harmonischen Klarheit weicht. Es ist eine Bühne für Venedigs Meister Jacopo Tintoretto, der im »Abendmahl« virtuos mit der Perspektive spielt (April–Okt. tgl. 9–19, Nov.–März 8.30–18 Uhr, So 10.40–12 Uhr geschl.).

INFO

Hello Venezia

Verkauf u.a. von Actv-Tickets und City Pass.

- Stazione Ferroviaria Santa Lucia Tel. 041 24 24 | www.veneziaunica.it
- Filialen: Piazzale Roma, Piazza San Marco, Aeroporto Marco Polo (Ankunft).

VERKEHR

Vaporetti der Linien 1 (normal), 2 (Express) fahren vom Piazzale Roma durch den Canal Grande zum Lido (www.actv.it).

HOTELS

Venissa €€–€€€

Das »Weinresort« mit exzellentem Restaurant liegt auf der kleinen Laguneninsel Mazzorbo in idyllischem Grün.

- Campo Santo Stefano 2957 | Venedig
  Tel. 04 15 27 22 81 | www.venissa.it

Flora €€
Zentral, mit kleinem Garten, komfortablen Zimmern. Rechtzeitig reservieren!
- San Marco 2283/A | Venedig
  Tel. 04 15 20 58 44 | www.hotelflora.it

Ca' Formenta €–€€
Nettes Mittelklassehotel an der Riva S. Biagio, ideal für Biennale-Besucher.
- Via Garibaldi | Castello 1650 | Venedig
  Tel. 04 15 28 54 94
  www.hotelcaformenta.it

RESTAURANTS

Lineadombra €€€
Schicke Einrichtung, traditionelle Küche mit Pfiff, unschlagbare Terrasse (Winter geschl.). > **mehr S. 16 Punkt 28**
- Ponte dell'Umiltà | Dorsoduro 19
  Venedig | Tel. 04 12 41 18 81
  www.ristorantelineadombra.com

Al Storico da Crea €€
Solide Küche, Terrasse mit Lagunenblick.
- Giudecca 212/A | Venedig
  Tel. 04 12 96 03 73

Trattoria Corte Sconta €€
Mekka für Fischliebhaber mit bezauberndem Innenhof (So/Mo geschl.)
  Calle del Pestrin | Castello 3886
  Venedig | Tel. 041 522 70 24
  www.cortescontavenezia.com

SHOPPING

Alice in Wonderland
Muranoglas vom Feinsten.
- Via Garibaldi | Castello 1639
  Venedig | Tel. 04 15 28 76 16
  www.alicefinearts.com

Il Prato
Traditionsgeschäft für feinstes Papier.
> **mehr S. 17 Punkt 36**
- Calle delle Ostreghe
  San Marco 2456/8
  Venedig | Tel. 04 15 23 11 48
  www.ilpratovenezia.com

NACHTLEBEN

Interpreti Veneziani
Die auf Barockmusik spezialisierten Musiker geben Konzerte in der Kirche San Vidal.
> **mehr S. 16 Punkt 29**
- Chiesa S. Vidal | San Marco 2862/B
  Venedig | www.interpretiveneziani.it

ERMÄSSIGTER EINTRITT

Das Kombiticket **»I Musei di Piazza San Marco«** für 20 € ist drei Monate gültig und gewährt freien Eintritt in Palazzo Ducale, Museo Correr, Museo Archeologico Nazionale, Biblioteca Nazionale Marciana. Der sechs Monate gültige **»Museum Pass«** der Musei Civici di Venezia (24 €) umfasst zusätzlich Ca' Rezzonico, Museo del Settecento Veneziano, Casa di Carlo Goldoni, Museo di Palazzo Mocenigo, Ca' Pesaro, Galleria Internazionale d'Arte Moderna, Museo d'Arte Orientale, Museo di Storia Navale sowie Museo del Vetro (Murano) und Museo del Merletto (Burano): www.visitmuve.it. Freien bzw. ermäßigten Eintritt zu Museen, Kirchen, Nutzung öffentlicher Verkehrsmittel bieten auch die verschiedenen Venezia-Unica-City-Pässe: www.veneziaunica.it.

VENEDIG & SEINE MÄZENE

Der Palazzo Grassi zählt zu den spannendsten Kunstadressen Venedigs

Nur die besten Architekten, Maler und Bildhauer leistete sich die Serenissima für die Ausgestaltung ihrer Palazzi und Kirchen, daran hat sich bis heute nichts geändert: Während der spanische Stararchitekt Santiago Calatrava den Ponte de la Constituzione entwarf, wurde für die Erweiterung der Friedhofsinsel San Michele der Brite David Chipperfield engagiert. Außerdem arbeiten namhafte Baukünstler wie der Japaner Tadeo Ando für private Mäzene.

KUNST IM AUSVERKAUF

Ohne Mäzenatentum gäbe es beispielsweise kein **Museo Correr** mit seiner spektakulären Ausstellung zur Stadtgeschichte. Während Venedigs Adel nach dem Niedergang der Stadt Anfang des 19. Jhs. alles verkaufte, was sich zu Geld machen ließ, sammelte Teodoro Correr (1750–1830), was ihm in die Hände fiel und stopfte damit seinen Palazzo am Canal Grande voll. Heute wird diese Sammlung in dem nach ihrem Stifter benannten Museum am Markusplatz gezeigt.

- **Museo Correr** e7
  San Marco 52 | Venedig
  www.correr.visitmuve.it
  April–Okt. tgl. 10–19, sonst bis 17 Uhr

VENEDIG IM 18. JH.

Das 18. Jh. war einer der Höhepunkte im venezianischen Kulturschaffen; Giambattista Tiepolo (1696 bis 1770) schmückte Kirchen und Paläste mit illusionistischen Fresken und Canaletto (1697–1768) verewigte die Lagunenstadt in zahllosen Veduten. Versammelt sind die Meisterwerke dieser sowie vieler anderer Künstler des 18. Jhs. in der **Ca' Rezzonico,** die heute als Museo del Settecento Veneziano fungiert.

- **Ca' Rezzonico** e4
  Dorsoduro 3136 | Venedig
  www.carezzonico.visitmuve.it
  April–Okt. Mi–Mo 10.30–18, sonst 10–17 Uhr

DIE BIENNALE

1895 begründeten Venedigs Stadtväter eine alle zwei Jahre stattfindende Ausstellung zeitgenössischer Kunst in einem Jugendstilbau auf dem Gelände der Giardini Pubblici. Diesem **Palazzo delle Esposizioni** haben sich diverse Länderpavillons in verschiedenen Architekturstilen des 20. Jhs. zugesellt, und seit 1999 sind auch Teile des Arsenale einbezogen (in den ungeraden Jahren, alternierend wird in den geraden Jahren die Architektur-Biennale veranstaltet). Einige der Werke, die auf der Biennale Preise gewannen und von der Stadt angekauft wurden, fanden eine neue Heimat in der **Ca' Pesaro,** der Internationalen Galerie für Moderne Kunst, darunter Gustav Klimts »Judith II« (1909) und Wassily Kandinskys »Weißes Zickzack« (1922).

- **Biennale:** www.labiennale.org
- **Ca' Pesaro** a5
  Santa Croce 2076 | Venedig
  www.capesaro.visitmuve.it
  April–Okt. Di–So 10.30–18, sonst 10–17 Uhr

REICHE ERBIN FÜR VENEDIG

Die exzentrische New Yorkerin Peggy Guggenheim (1898–1979) sammelte Männer und moderne Kunst. 1949 kaufte sie das **Palazzo Venier dei Leoni,** in dem sie fortan lebte und Ausstellungen präsentierte. Nach ihrem Tod 1979 wandelte die Guggenheim-Stiftung das Wohnhaus in ein Museum um, dessen Schwerpunkt auf Werken der ersten Hälfte des 20. Jhs. liegt. Lange liebäugelte man mit dem Umzug an die nahe Punta della Dogana, doch diese Pläne wurden vom Kunstsammler François Pinault durchkreuzt.

- **Collezione Guggenheim** f5
  Dorsoduro 701 | Venedig
  www.guggenheim-venice.it
  tgl. 10–18 Uhr

EIN BELEIDIGTER MÄZEN

Hätte die Stadt Paris den Wunsch François Pinaults, seine Sammlung zeitgenössischer Meisterwerke von Andy Warhol über Jeff Koons bis Damien Hirst in einer ehemaligen Autofabrik zu zeigen, nicht mit umständlicher Bürokratie behindert – Venedig wäre um zwei Attraktionen ärmer: Der genervte Pinault kaufte den Palazzo Grassi und eröffnete in dem von Tadao Ando genial umgebauten Palast 2006 sein Museum. 2009 präsentierten der Sammler und sein Architekt außerdem die Punta della Dogana als neuen Ausstellungsraum, in dem nun ergänzend zu den Arbeiten im Palazzo Grassi weitere Werke aus der Sammlung gezeigt werden.

- **Palazzo Grassi** e4
  Campo San Samuele 3231 | Venedig
- **Punta della Dogana** f7
  Dorsoduro 2 | Venedig
  www.palazzograssi.it
  beide Museen Mi–Mo 10–19 Uhr

Karte S. 60

AUSFLÜGE VON VENEDIG

MURANO 2 ★ L10

Vaporetti der Linien 4.1 und 4.2 setzen von den Fondamenta Nuove über zur Glasinsel, auf der seit dem Mittelalter das Geheimnis der Glasherstellung gehütet und Glas für den Export nach ganz Europa hergestellt wurde. Auf der Insel dominieren Geschäfte, die Muranoglas in jeder erdenklichen Ausführung von Kitsch bis Kunst verkaufen. Das **Museo del Vetro** sei nur besonders Interessierten empfohlen; die Präsentation der Gläser aus Epochen von der Antike bis zum Jugendstil ist wenig inspirierend (April–Okt. tgl. 10.30–18, sonst 10–17 Uhr, www.museovetro.visitmuve.it). Angenehm ist aber der lauschige Innenhof des ehemaligen Bischofspalastes. Gleich um die Ecke verkauft Davide Penso seinen geschmackvollen Schmuck (Fodamenta Riva Longa 48, www.davidepenso.it).

LIDO 3 L11

Ein 12 km langer Streifen Sand schützt die Serenissima vor dem Meer. Jugendstilvillen in üppigen Gärten und legendäre Hotelnamen wie »Des Bains« (heute ein luxuriöser Apartmentkomplex) oder »Excelsior« erinnern an die große Zeit des Lido, als Prominenz und Adel hier ihre Sommerfrische verbrachten. Lord Byron soll den Lido entdeckt haben, ein Herr mit dem Spitznamen Fisola eröffnete 1857 die erste Badeanstalt, der seither viele unterschiedlich exklusive *stabilimenti* folgten. Zu den schönsten (und teuersten) zählt die Spiaggia Des Bains, die Thomas Mann in »Der Tod in Venedig« verewigte und heute sehr nostalgisch wirkt (Lungomare Guglielmo Marconi 17). Im Palazzo del Cinema gastieren alljährlich Ende August, Anfang September die Filmfestspiele.

BADEORTE AN DER ADRIAKÜSTE

Die Küstenlinie zwischen Venedig und Grado zählt zu den beliebtestes Badezielen an der westlichen Adria. Feinsandige Strände und die flachen Gewässer eignen sich ideal für Familien mit kleinen Kindern. Einige der hier beschriebenen Küstenorte liegen bereits im Friaul.

JESOLO 4 N10

Als Equilium von Rom auf einer Insel an der Flussmündung des Piave errichtet, blickt Jesolo (26 000 Einw.) auf eine lange Geschichte zurück, besitzt aber kaum Zeugnisse seiner Vergangenheit. Mit zahlreichen Hotels und Ferienwohnungen bieten Ort und Lido auf einer 20 km langen, nach Westen gerichteten Landzunge vielen Feriengästen Unterkunft. Jenseits der Mündung des Flusses Sile bietet Cavallino Treporti im Anschluss an Lido di Jesolo vor allem Campingplätze.

Weiter in Richtung Nordosten und jenseits des Piave liegt der Badeort **Eraclea Mare.** Hier findet man zwischen Piave und Meer das idyllische, von Dünen und Pinien umgebene Naturschutzgebiet **Lagu-**

na del Mort, das auf geführten Touren besucht werden darf (www.facebook.com/lagunadelmorteraclea).

INFO

IAT

- Piazza Breschia 13 | 30016 Jesolo
  Tel. 04 21 37 06 01 | www.jesolo.it

HOTEL

Villa Eugenia €€–€€€

Das gerade modernisierte Haus erstrahlt in maritimen Farben.

- Via Dante Alighieri 96 | Lido di Jesolo
  Tel. 042 19 17 12
  www.villaeugenia.it

RESTAURANT

Bucintoro €€

Das Traditionshaus versteht sich besonders auf schnörkellose Fischgerichte. Auch Pizza ist zu empfehlen. Mi geschl.

- Via S. Trentin 91 | Jesolo
  Tel. 04 21 97 15 39

CAORLE 5 ★ 09

Bis in die 1930er-Jahre war Caorle (12 000 Einw.) der einzige Ort direkt an der Küste zwischen Venedig und Grado. Von seiner einstigen Bedeutung zeugt die **Kathedrale** aus dem 11. Jh. mit einigen erhaltenen gotischen Fresken. An der Marina und den benachbarten Badeorten Duna Verde und Porto S. Margherita sind die feinsandigen Strände akkurat in Stabilimenti aufgeteilt. Den Küstenstreifen **Valle Vecchia** säumt einer der wenigen wilden Strände der oberen Adria, die **Spiaggia della Brussa** (12 km nordöstlich von Caorle, via Lugugnana nach Brussa).

INFO

IAT

- Rio Terrà 3 | 30021 Caorle
  Tel. 042 18 10 85 | www.caorle.eu

HOTEL

Villa dei Dogi €€

Die ruhige Villa punktet mit edlem Ambiente und exzellentem Restaurant.

- Via Cadore 5 | Ottava Presa di Caorle
  Tel. 042 18 81 25 | www.villadeidogi.it

RESTAURANT

Al Faro €€

Serviert werden Meeresfrüchte und alle Arten von Fisch, frisch zubereitet und köstlich! > **mehr S. 15 Punkt 19**

- Via Livenza 2 | Caorle
  Tel. 04 21 21 12 71
  www.alfaro-caorle.com

DIE SCHÖNSTEN STRÄNDE

- Feinen Sand und komfortable Stabilimenti zwischen Po und Adria bietet die **Spiaggia di Barricata** in Porto Tolle. > **S. 55**
- Eleganz der Jahrhundertwende – so könnte man die gepflegte **Spiaggia Des Bains** am Lido von Venedig beschreiben. > **S. 68**
- **Spiaggia della Brussa,** ein letztes unverbautes Stück Natur zwischen Caorle und Bibione. > **S. 69**
- Wegen ihres sauberen Wassers ist die als Naturschutzgebiet ausgewiesene **Spiaggia Rosolina Mare** L13 mit ihrem Pinienwald südlich von Chioggia zu Recht einer der beliebtesten Strände.

BIBIONE 6 P8/9

Der Ort hat sich auf einer Landzunge entwickelt und besteht aus nichts anderem als Strand, Hotels und Apartmenthäusern. Hier verbringen Tausende italienischer Familien ihren Sommerurlaub.

LIGNANO 7 Q8

Jenseits des Tagliamento und damit bereits im Friaul gelegen, säumt der Ort mit Unterkünften aller Kategorien und penibel aufgereihten Strandbädern *(stabilimenti balneari)* die Lagune von Marano. Hierher kommt man zum Baden oder zum Sehen und Gesehen werden in den **Tahiri Beachclub** (€€€, Via Carso 45, Mobiltel. 33 89 65 50 94, www.tahiri.it). Das Ambiente ist elegant und die servierten Meeresfrüchte, vor allem die Gamberoni-Spießchen, sind vorzüglich.

PERDÒN DI BARBANA

Mit einer farbenprächtigen Bootsprozession am ersten Juliwochenende erfüllen die Einwohner der Stadt Grado bis heute ein Gelübde aus dem 13. Jh. Sie hatten es damals abgelegt, damit Maria sie von der Pest befreite. Von der Stadtkapelle begleitet wird eine Madonnenstatue von der Basilika in Grado zum Hafen und dann auf Booten zur Insel Barbana gebracht. Nach einem Gottesdienst im Freien kehren die Boote und die Marienstatue am Nachmittag nach Grado zurück.

MARANO LAGUNARE 8 Q7

Einen Besuch wert ist der Fischereihafen Marano Lagunare mit hübschem Zentrum rund um einen 1000-jährigen Turm. Von den vielen guten Restaurants ist die **Taverna Al Pescatore** besonders zu empfehlen. Hier, neben Hafen und Fischhalle, kommen die frischesten Gaben des Meeres auf den Teller (€€, Via San Vito 18, www.tavernaalpescatore.com, im Winter Di geschl.).

GRADO 9 ★ R8

Die Altstadt des traditionsreichen Badeorts (10 000 Einw.) liegt auf einer mit dem Festland verbundenen Laguneninsel.

Grado war in der Antike als Ad Aquas Gradatas der Seehafen Aquileias und nach dessen Zerstörung Zufluchtsort für seine Bewohner. Schließlich siedelte im Jahr 568 auch der Patriarch hierher über. Als Aquileia Nova wurde es kirchliche Hauptstadt Seevenetiens. Aus dieser Zeit stammen die frühchristlichen Kirchen: Die 579 geweihte, dreischiffige **Kathedrale Santa Eufemia** birgt wertvolle Fußbodenmosaike aus dem 6. Jh. Daneben stehen das **Baptisterium San Giovanni Battista** (5. Jh.) und die Kirche **Santa Maria delle Grazie,** ebenfalls aus dem 6. Jh.

Mit der Eröffnung der ersten Badeanstalt 1890 erlebte Grado einen ungeahnten Aufschwung als Seebad der österreichischen Aristokratie. Die schönen Strände in der Lagune sind sehr gepflegt und vergleichsweise beschaulich.

Das Herz der Lagunenstadt Grado schlägt am alten Hafen

INFO

Ufficio Turismo

- Piazza B. Marin 4 | 34073 Grado
  Tel. 04 31 89 82 39 | www.grado.info

HOTELS

Hannover €€€

Kleines Hotel am alten Fischerhafen mit geräumigen Zimmern, schönem Innenhof und feinem Restaurant.

- Piazza XXVI Maggio 10 | Grado
  Tel. 043 18 22 64
  www.hotelhannover.com

Albergo alla Spiaggia €€

Nostalgisches Haus vom Anfang des 20. Jhs. mit 40 aufs Meer hinausgehenden, stilvoll modernisierten Zimmern.

- Via Mazzini 2 | Grado | Tel. 043 18 01 62
  www.albergoallaspiaggia.it

RESTAURANTS

Al Pontil de Tripoli €€€

Typische Gerichte aus Grado wie Boreto werden in dem Restaurant auf einem alten Steg sehr fantasievoll und nach modernen Gesichtspunkten verfeinert.

AUSFLUG IN DIE LAGUNE 10 R8

Mit dem Taxiboot können Sie ab Grado eine Rundfahrt durch die mit 12 000 ha größte Lagune des Mittelmeers unternehmen. Entlang der Wasserkanäle und vorbei an Inselchen, viele mit den charakteristischen, aus Stampflehm und Stroh erbauten *casoni*, lässt sich eine einzigartige, unter Naturschutz stehende Landschaft erleben. Birder können versuchen, eine der 238 verzeichneten Vogelarten zu sichten – Reiher, Wasserhühner, Stockenten und zahllose Möwen sind auf jeden Fall zu sehen. Auf einigen der Inseln locken Restaurants wie das **Ai Ciodi** €€ zur Mittagsrast (Isola di Anfora, Mobiltel. 33 57 52 22 09, www.portobusoaiciodi.it, nur April–Okt.).

- Riva Garibaldi 17 | Isola della Schiusa
  Tel. 043 18 02 85
  www.alpontildetripoli.it

Agli Artisti €€
Kunst an Wänden und auf Tellern.

- Campiello Porta Grande 2 | Grado
  Tel. 043 18 30 81
  www.ristoranteagliartisti.it

Cooperativa Pescatori Zero Miglia €€
Urgemütliches Lokal in Hafennähe, das von der Fischereikooperative mit frischem Fisch versorgt wird (Di geschl.).

- Riva Dandolo 22 | Grado
  Tel. 043 18 00 12
  www.zeromiglia.it

AQUILEIA 11 R7

Von Aquileia (3400 Einw.), der in der Antike wichtigen Hafenstadt, ist nach der Zerstörung durch Hunnen und Langobarden nur wenig übrig geblieben: darunter einige Säulen am Forum, Ladekais und Rampen am Flusshafen sowie Straßenpflaster und Grabanlagen. 1998 erklärte die UNESCO Aquileia zum Weltkulturerbe.

GESCHICHTE

Aus dem Bistum von Aquileia, das bereits 313 gegründet wurde, erwuchs der mittelalterliche Feudalstaat des Patriarchen von Aquileia, der unter der Oberhoheit des Heiligen Römischen Reiches das Friaul beherrschte.

Nach den Zerstörungen durch die Hunnen (452) und Langobarden (552) wurde Aquileia aufgegeben, die Bevölkerung flüchtete mit dem Bischof nach Grado. Der Lagunenbereich blieb als Seevenetien unter byzantinischer Hoheit.

Von Byzanz übernahmen die Bischöfe von Aquileia den Titel eines Patriarchen. Im Mittelalter verlegten sie ihren Sitz dann erst nach Cormons, später nach Cividale und Udine. Seit dem 14. Jh. durch die Expansion Venedigs geschwächt und infolgedessen wieder auf den geistlichen Bereich beschränkt, wurde das Patriarchat von Aquileia schließlich im Jahr 1751 aufgelöst.

SANTA MARIA ASSUNTA ★3

Als Höhepunkt romanischer Baukunst gilt die im 11. Jh. errichtete Patriachalbasilika Santa Maria Assunta. So beeindruckend die große Kirche mit der freskierten Hauptapsis auch wirkt, Hauptattraktion ist der prachtvolle **Mosaikboden** im Innern aus dem ältesten Vorgängerbau von 310/319, der mit 645 m² der größte der christlichen Spätantike war. In ein Meer von Fischen sind Bildszenen zur Jonaslegende eingefügt. Ehrfurchtsvoll stimmt auch die **Krypta** (9. Jh.) mit byzantinischen Fresken (um 1180). Über das linke Seitenschiff erreicht man die *Cripta degli Scavi* auf römischen Fundamenten (April–Sept. tgl. 9 bis 19, März/Okt. tgl. 9–18, Nov.–Febr. Mo–Fr 10–16, Sa/So 9–17 Uhr).
› mehr S. 15 Punkt 21

MUSEEN

Im **Museo Archeologico** auf der anderen Seite der Hauptstraße kann man unter anderem kunsthandwerkliche Meisterwerke aus dem römischen Aquileia bestaunen (www.museoarcheologicoaquileia.beniculturali.it, Di–So 10–19 Uhr, 7 €).

Die Dependance **Museo Nazionle Paleocristiano** dokumentiert das frühchristliche Aquileia (Loc. Monastero, Piazza Pirano 1, Do–So 8.30–13.30 Uhr, Eintritt frei).

INFO

Infopoint

- Via Iulia Augusta (Busterminal) 33051 Aquileia | Tel. 04 31 91 94 91 www.aquileia.net

RESTAURANT

Patriarchi €€

Das Hotelrestaurant serviert exzellente Fischgerichte, friulische Weine (Mi geschl.).

- Via G. Augusta 12 | Aquileia Tel. 04 31 91 95 95 www.visitaquilcia.com

CHIOGGIA 12 L12

Chioggia (50 000 Einw.) schließt die Lagune von Venedig im Süden ab. Wie die Serenissima wurde sie teils auf Pfählen erbaut. Drei geradlinig verlaufende Kanäle unterteilen das Stadtgebiet. Seit 1380 war Chioggia Venedig untertan und teilte sein politisches Geschick.

Von Süden kommend betreten Sie die Altstadt am Garibaldi-Tor. Die **Kathedrale** wurde 1110 errichtet und nach einem Brand im 17. Jh. von Baldassare Longhena barock wieder aufgebaut. Das **Oratorio di San Martino** nebenan birgt ein Tafelbild von Paolo Veneziano, ist aber leider meist verschlossen. Den Corso del Popolo nach Norden gehend, passiert man weitere Gotteshäuser und biegt nach der Piazza XX.

Die ältesten christlichen Mosaiken in Santa Maria Assunta stammen aus dem 4. Jh.

Settembre zum Kornspeicher **Granaio** von 1322 ab, an dem vormittags einer der größten Fischmärkte in der Lagune abgehalten wird. Hier stehen Sie an der mittleren der drei Wasserstraßen, dem **Canal Vena,** der sich mit seinen Brücken und den im Wasser dümpelnden Booten sehr idyllisch präsentiert. Am Ende des Corso nach rechts über den Ponte Vigo und weiter geradeaus geht es dann auf die Isola **San Domenico** mit dem gleichnamigen Kloster. Die Kirche birgt Werke von Tintoretto und das letzte von Carpaccio signierte Gemälde, »San Paolo«.

HOTELS

Grande Italia €€€

Nostalgie, Eleganz und moderner Komfort an der Piazzetta Vigo mit Lagunenblick.

- Rione S. Andrea 597 | Chioggia
  Tel. 041 40 05 15
  www.hotelgrandeitalia.com

Clodia €

Einfaches, aber familiäres und sauberes Haus nahe der Altstadt.

- Calle Forno Filippini 876 | Chioggia
  Tel. 041 40 08 13 | www.hotelclodia.it

RESTAURANTS

El Gatto €€€

Das elegante Restaurant überzeugt mit vorzüglichen Fisch- und Meeresfrüchtegerichten (Mo geschl.).

- Corso del Popolo | Chioggia
  Tel. 041 40 02 65
  www.ristoranteachioggia.it

Osteria N2 €€

In der kleinen Osteria wird gekocht wie bei der mamma und natürlich bevorzugt Fisch.

- Calle Ponte Caneva 625 | Chioggia
  Tel. 041 40 08 61
  www.ristorantealbuonpesce.it

PADUA 13 J11

Padua (210 000 Einw.) ist nach Venedig und neben Verona die größte und wichtigste Stadt des Veneto. Rund 65 000 Studenten zählt die 1222 gegründete traditionsreiche Universität. Fast ebenso alt ist die Basilika des hl. Antonius, eine der bedeutendsten italienischen Wallfahrtsstätten. Seit jeher haben die Paduaner ihren kommerziellen Reichtum auch in Kunst investiert.

Wer die Museen, Kirchen und Villen besichtigen möchte, der sollte sich die Padova Card (16 € für 48 Std.) besorgen, denn sie berechtigt zum kostenlosen oder ermäßigten Eintritt.

GESCHICHTE

Vom Patavium der Römerzeit sind kaum Spuren erhalten geblieben. Die Langobarden machten Padua im Jahr 601 dem Erdboden gleich. Erst im 11. Jh. entfaltete sich unter Förderung der Bischöfe neues Leben. 1175 wählte man den ersten *podesta* als Oberhaupt der freien Stadtkommune, im Jahr 1218 entstand am Markt ihr stolzes Symbol, der Palazzo della Ragione. 1222 wurde die Universität gegründet. Von 1405 bis 1797 verblieb Padua bei Venedig. Der Habsburgerherrschaft erfolgte 1866 der Anschluss an das Königreich Italien. Schwere Schäden erlitt die Altstadt während des Zweiten Weltkriegs.

Das Holzpferd im Palazzo della Ragione entstand im 15. Jh.

RUND UM DEN PALAZZO DELLA RAGIONE A

Die Mitte der Bürgerstadt bildet bis heute der Palazzo della Ragione, der Rats- und Gerichtssaal von 1218 (Erweiterung 1309), ein mächtiger frei stehender Bau mit zweigeschossigen Loggien und einem gewaltigen hölzernen Kielbogendach. **Salone,** »Großer Saal«, nennen ihn die Paduaner nach dem riesigen Versammlungsraum im Obergeschoss, der den Bau in ganzer Länge und Breite (80 m × 27 m) ausfüllt. Er ist über und über mit Fresken bemalt, die u. a. den Einfluss der Sternzeichen zum Thema haben und im Laufe des 14. Jhs. von Giotto und seinen Schülern ausgeführt wurden. Das riesige Holzpferd im Saal entstand im Jahr 1466 für ein öffentliches Turnier (Sommer Di bis So 9–19, Winter bis 18 Uhr).

Vor dem Palazzo della Ragione breitet sich auf der **Piazza delle Erbe** der farbenfrohe Gemüse- und Obstmarkt aus, der bereits auf die Frühzeit der Kommune im 12. Jh. zurückgeht.

Nur ein paar Schritte trennen das Zentrum der Bürgerstadt von dem der Machthaber, wo an der **Piazza dei Signori** einst der Herrschersitz der Carrara stand. Nach ihrem Sturz richteten hier die Venezianer die Säule mit dem Markuslöwen als Siegeszeichen auf und säumten die Piazza mit eleganten neuen Verwaltungsbauten: der schön proportionierten **Loggia del Consiglio** B (1496–1523) sowie der **Palazzo del Capitanio** C (16./17. Jh.) mit zwei Flügeln und einem Uhrturm in der Mitte. Beide Bauwerke entwarf der Paduaner Renaissancebaumeister Giovanni Falconetto.

Durch den Bogen des Uhrturms gelangt man auf die Corte Capitaniato. Hier steht auf der linken Seite der **Palazzo Liviano** D, Sitz der philosophischen Fakultät der Universität. Die Caféstühle unter schattigen Bäumen sind ein beliebter Treff der Studenten.

Durch die Via Accademia erreichen Sie die Piazza del Duomo. Neben dem **Dom** E, gegründet im 9. Jh., dessen Architektur nach dem Neubau (1551–1754) keine mittelalterlichen Spuren mehr aufweist, liegt das romanische **Baptisterium** F, die Taufkapelle (12./13. Jh.). Der Bau, ein schlichter Kubus mit aufgesetzter Rotunde, ist innen bis in die Kuppel hinauf mit einem Freskenzyklus bemalt, in dem sich die Einflüsse der Arena-Kapelle von Giotto › S. 79 und byzantinische Bildtraditionen mischen. Dieses Hauptwerk des Florentiners Giusto de' Menabuoi wurde zwischen 1375 und 1378 errichtet (tgl. 10–18 Uhr).

VOM DOM ZUM SANTO

Vom Domplatz zweigt die **Via Soncin** ab. In der Straße bietet sich ein besonders sympathischer Ort für eine Erholungspause an, die **Osteria L'Anfora** (€€, Via Soncin 13, Tel. 049 65 66 29). Weiter geht es zu einem kleinen Platz an der Mündung der **Via Solferino** und in ein noch ganz mittelalterliches Padua enger Gassen mit Laubengängen.

Ein eindrucksvoller Freskenzyklus schmückt das Baptisterium neben dem Dom in Padua

Um die Via Soncin und Solferino lag zwischen 1603 und 1797 das jüdische **Getto.** Paduas Universität war damals die einzige, die Juden zum Medizinstudium zuließ. Die letzte der drei Synagogen, von den Nazis 1943 in Brand gesteckt, wurde 1998 restauriert.

Über die Via Roma und Via Umberto gelangt man in südlicher Richtung zur weiten Fläche des **Prato della Valle,** der im Jahr 1775 zu einem neuen Markt- und Messeplatz von barocker Pracht umgestaltet wurde. 78 Statuen berühmter Bürger flankieren einen elliptischen Ringkanal, über den zierliche Brücken zu einer zentralen Inselwiese *(prato)* führen. Hierher kommen jeden dritten Sonntag im Monat Profihändler und Schnäppchenjäger zum großen Flohmarkt Mercatino d'Antiquariato.

Die Benediktinerkirche **Santa Giustina** G wurde im 16. Jh. über älteren Vorgängerbauten mit kolossalen Ausmaßen (122 m Länge) und acht Kuppeln nach dem Vorbild der Antoniusbasilika errichtet. Interessant sind die Teile älterer Bauten zwischen dem südlichen Querhaus und dem Chor, etwa der Sacello di San Prodoscimo aus dem 6. Jh. und die Sakristei von 1462 (Sommer Mo–Fr 7.30–12, 15–20, Sa/So 6.30–13,15–20, Winter tgl. 8–12, 15–20 Uhr).

Auf dem Weg zum Santo liegt der Eingang zum UNESCO-Welterbe **Orto Botanico** H, dem ältesten sei-

Die Basilika Sant'Antonio birgt das Grab des hl. Antonius von Padua

ner Art, der 1545 von der Universität zum Studium der Heilpflanzen angelegt wurde. Vom Botanischen Garten verbreiteten sich »Exoten« wie Kartoffel und Sonnenblume in ganz Europa. Den ältesten Baum des Gartens, die 1578 gepflanzte »Goethepalme«, hat bereits der Dichterfürst bewundert. Goethe dachte angesichts der Pflanzenvielfalt über seine Theorie einer »Urpflanze« nach (April/Mai tgl. 9–19, Juni–Sept. Di–So 9–19, Okt. Di–So 9–18, Nov.–März Di–So 9–17 Uhr, www.ortobotanico.unipd.it).

Die berühmte Basilika **Sant' Antonio** I, kurz **Il Santo**, wurde 1232, ein Jahr nach dem Tod des Heiligen, über dessen Grab errichtet. Architekturgeschichtlich stellt der Bau ein Unikum dar, durch seiner Synthese von spitzen gotischen Giebelfassaden, Kuppeln nach dem Vorbild von San Marco in Venedig und minarettartigen Türmen.

Die Basilika birgt Bronzeskulpturen und -reliefs von Donatello am Hochaltar und großartige Fresken von Altichieri in der Cappella di San Felice im rechten Querhaus. Im linken Querhaus befindet sich die Cappella dell'Arca del Santo, die Grabkapelle des hl. Antonius (April–Okt. tgl. 6.20–19.45, Nov.–März tgl. 6.20–18.45 Uhr, www.basilicadelsanto.org).

Rechts von der Basilika befindet sich die **Scuola del Santo** J mit Fresken venezianischer Künstler aus dem frühen 16. Jh. zur Vita des hl. Antonius von Padua (Di–So 9–13, 14–18 Uhr). › mehr S. 16 Punkt 27 Es folgt das 1384 erbaute **Oratorio San Giorgio** K mit sehr schönen Fresken von Altichieri (Di–So 9–13, 14–18 Uhr).

EREMITANI-KIRCHE L

Als 1944 ein Bombenangriff die Eremitani-Kirche und das zugehörige Kloster in Schutt und Asche legte, ging mit den einstürzenden Mauern auch einer der bedeutendsten Freskenzyklen der Frührenaissance, das Frühwerk von Andrea Mantegna in der Ovetari-Kapelle, verloren. Nur zwei seiner Szenen sind teilweise erhalten, anhand derer man die Größe des Verlusts immerhin ermessen kann (Juli/Aug. Mo–Fr 8–12.30, 16–19, Sa/So ab 9, Sept.–Juni Mo–Fr 7.30–12.30, 15.30 bis 19, Sa/So 9–12.30, 16–19 Uhr).

Im rekonstruierten Klosterkomplex präsentiert das **Museo Civico Eremitani** M archäologische Funde und eine Pinakothek mit Gemälden aus dem Zeitraum vom 14.–18. Jh. (Di–So 9–19 Uhr).

ARENA-KAPELLE N 5

Über das Museum erhält man Zugang zur Arena-Kapelle, offiziell **Cappella degli Scrovegni.** Sie wurde vom Bankier Enrico Scrovegni kurz nach 1300 zusammen mit einem Palast (abgebrochen) auf dem Gelände des römischen Amphitheaters in Auftrag gegeben. 1305 holte er Giotto aus Florenz, der mit einzigartigen **Fresken** sein Meisterwerk schuf. Unter dem blauen Himmelsgrund der Wölbung wird das Leben Christi und Mariens in einer zukunftsweisenden Bildsprache illustriert. Die Besichtigung der Kapelle muss mindestens 24 Stunden, sollte aber besser bereits drei Tage im Voraus telefonisch oder online angemeldet werden › mehr S. 18 Punkt 44 (tgl. 9–19 Uhr mit 15- bzw. 20-Min.-Besuchen, Termine für Abendöffnungen 19–22 Uhr siehe Website, Tel. 04 92 01 00 20, www.cappelladegliscrovegni.it).

CAFFÈ PEDROCCHI O UND UNIVERSITÄT P

An der Piazza Cavour lockt das älteste Kaffeehaus der Stadt (seit 1831), das **Caffè Pedrocchi.** Hier versammelten sich 1848 die rebellischen Geister der Universität, um den Aufstand gegen die Österreicher anzuzetteln (So–Do 8–24, Fr/Sa 8–1 Uhr, www.caffepedrocchi.it)

An der Via VIII Febbraio steht das Hauptgebäude der 1922 gegründeten **Universität.** Den größten Ruhm trägt ihr bis heute die medizinische Forschung ein. Bei einer Führung kann man u. a. das Katheder besichtigen, an dem Galilei 1592 bis 1610 lehrte, und das be-

BUNTE MÄRKTE

- Frisch aus der Adria kommen die Fische und Meeresfrüchte gleich zum Verkauf auf den **Fischmarkt** in Chioggia. › S. 74
- Es wird gedrängelt, geprüft und gefeilscht auf dem **Obst- und Gemüsemarkt** auf der Piazza delle Erbe in Padua. › S. 75
- Beim **Mercatino d'Antiquarato** in Padua handeln sowohl Profis als auch Privatleute mit Wertvollem und Ramsch. › S. 77
- Auf einer Insel im Flüsschen Cagnan befindet sich die **Pescheria,** Trevisos idyllischer Fischmarkt. › S. 144

Karte S. 76

rühmte **Teatro Anatomico,** den Anatomiesaal von 1592, in dem trotz kirchlichen Verbots heimlich in der Nacht Leichen seziert und die Grundlagen der modernen Anatomie geschaffen wurden (Führungen in Engl. März–Okt. Mo–Fr 10.30, 12.30, 14.30, 16.30, Sa 10.30, 12.30 Uhr, im Winter eingeschränkt, www.unipd.it).

INFO

IAT

- Stazione dei Treni di Padova Centrale 35131 Padua | Tel. 04 95 20 74 15 www.apadova.info www.turismopadova.it
- weitere Filialen: Vicolo Pedrocchi und Piazza del Santo

HOTELS

Majestic Toscanelli €€€

Mitten in der Altstadt gelegen; die stilvolle Gestaltung der Zimmer bezieht Teile der Baustruktur des 18. Jh. mit ein.

- Via dell'Arco 2 | Padua Tel. 049 66 32 44 www.toscanelli.com

Al Fagiano €€

Farbenfrohes modernes Mittelklassehotel; jede Etage hat ihr individuelles Design. Kleine, aber komfortable Zimmer.

- Via A. Locatelli 45 | Padua Tel. 04 98 75 00 73 | www.alfagiano.com

Casa del Pellegrino €€

Ruhig gelegene Pilgerherberge vis-à-vis von Il Santo mit schlichten, sauberen Zimmern und eigenem Parkplatz.

- Via M. Cesarotti 21 | Padua Tel. 04 98 23 97 11 www.casadelpellegrino.com

RESTAURANTS

Antica Osteria Dal Capo €€

Das winzige Traditionslokal im ehemaligen Getto verdankt seine große Beliebtheit der bodenständigen guten Küche. (So, Mo mittags geschl.).

- Via degli Obizzi 2 | Padua Tel. 049 66 31 05 www.osteriadalcapo.it

Godenda €€

Hier werden kleine Köstlichkeiten wie marinierte Jakobsmuscheln und Fischtartar serviert (So/Mo geschl.).

- Via Squarcione 4/6 | Padua Tel. 04 98 77 41 92 www.godenda.it

La Corte dei Leoni €€

Nahe der Piazza delle Frutta gelegene Enoteca mit hübschem Innenhof. Leckere kleine Gerichte, an manchen Abenden Livemusik (So abends geschl.).

- Via Boccalerie 8 | Padua Tel. 04 98 75 00 83 www.cortedeileoni.it

AKTIVITÄTEN

Eine **Schifffahrt auf dem Brentakanal** von Padua bis Venedig, durch die herrliche Landschaft, vorbei an den prunkvollen Villen des Adels aus dem 16. bis 19. Jh., ist ein unvergessliches Erlebnis > **S. 49.**

ABANO TERME 14 H11

Zentrum des beliebten Kurortes (19 000 Einw.) in den Colli Euganei ist der grüne **Viale delle Terme** mit den alten Nobelhotels »Orologio« und »Trieste e Victoria«. Eine majestätische Säulenfront markiert den Eingang zur ältesten Heilquelle

Montirone. Das mineralienreiche Wasser tritt mit einer Temperatur von 87 °C zutage › S. 81. Genutzt wurde dessen Heilkraft bereits von den Venetern. Zu Zeiten der Römer existierte hier eine wahre Thermenstadt, in der die Bürger Paduas Heilung, Entspannung und Unterhaltung suchten. Erst das 19. Jh. knüpfte an die Thermentradition an und machte Abano und die anderen Kurorte zu mondänen Bädern. Jedes von den rund 120 Hotels in Abano verfügt über eine Kuranlage mit eigener Quelle. Längst ergänzen moderne Wellnesseinrichtungen und großzügig angelegte Golfplätze das Freizeitangebot.

INFO

IAT

Hier erhält man auch alle nötigen Infos zu den Thermalbädern in den umliegenden Colli Euganei.

- Via Pietro d'Abano 18
  35031 Abano Terme
  Tel. 04 98 66 62 62
  www.visitabanomontegrotto.com

HOTELS

Bristol Buja €€€

5-Sterne-Thermalhotel mit eigener Kurabteilung, Innen- und Außenpool sowie Schönheitsfarm.

- Via Monteortone 2 | Abano Terme
  Tel. 04 98 66 93 90
  www.bristolbuja.it

Due Torri €€€

Das Patrizierhaus aus dem 18. Jh. im Montirone-Park bietet großzügige Zimmer, drei Thermalbecken, eine Thermalgrotte, Spa, Beauty- und Fitnesscenter.

- Via Pietro d'Abano 18
  Abano Terme
  Tel. 04 98 63 21 00
  www.gbhotelsabano.it

RESTAURANT

Osteria al Filò €€

Köstliches Essen in gemütlicher Atmosphäre, außerdem guter Wein und moderate Preise (Di geschl.).

- Via Appia Monterosso 94
  Abano Terme
  Tel. 04 98 60 15 62
  www.osteriaalfilo.com

THERMEN MIT TRADITION

Die heißen Quellen der Colli Euganei entstehen durch ein geothermisches Phänomen: In den Voralpen dringt Regenwasser bis in 3000 m Tiefe und tritt 25 Jahre später nach etwa 100 km, auf über 80 °C erwärmt und mit Mineralien angereichert, wieder an die Oberfläche. Die Stadt **Montegrotto** war als *Mons Aegrotorum* (Berg der Kranken) schon zur Zeit der Römer ein Kurbad, wie die Ausgrabungen belegen.

Abano Terme ist der Mittelpunkt des größten Fangotherapiezentrums von Europa. Wärmeliebende Algen lassen in Thermalbecken den heilsamen Fangoschlamm reifen, der Rheuma- und Arthrosekranken Linderung verspricht – ergänzt durch Anwendung jod- und bromhaltiger Mineralwässer und die Inhalation feucht-heißer Luft in eigens dafür eingerichteten Schwitzgrotten.

VILLA EMO CAPODILISTA

15 H12

Nordwestlich von Abano Therme erstrecken sich die 1588 von Vincenzo Scamozzi angelegten Gärten der **Villa Emo Capodilista** mit dem 1568 von Dario Varotari erbauten Jadgschloss im Renaissancestil (Besichtigungstermine für Einzelreisende s. Website, sonst nur für Gruppen nach Voranmeldung, Tel. 049 63 72 94, www.lamontecchia.it).

ABBAZIA DI PRAGLIA

16 H11

Im 11. Jh. gegründet, stellt sich die Benediktinerabtei, 6 km westlich von Abano Terme, heute als Renaissanceanlage um vier große Kreuzgänge dar. Die Kirche (1490–1560) entwarf Tullio Lombardo. Das Kloster ist ein internationales Zentrum der Buchrestaurierung. Zudem verkaufen die Mönche eigene Produkte, wie Honig, Wein, Heilkräuter (Führungen Di–Fr 15, 16, 17, Sa 11, 15, 16, 17, So Sommer 15.30 bis 17.30, Winter 14.30–16.30 Uhr alle 30 Min., www.praglia.it).

ARQUÀ PETRARCA 17 H12

Der Ort bewahrte viel von seiner mittelalterlichen Atmosphäre. Der Dichter Francesco Petrarca (1304 bis 1374) verbrachte hier seine letzten Lebensjahren zurückgezogen in der **Casa del Petrarca** (März–Okt. Di–So 9–12.30, 15–19, Nov.–Febr. 9–12.30, 14.30–17.30 Uhr). Vor der Pfarrkirche steht die Tomba del Petrarca (14. Jh.). Die Öffnung des Sarkophags 2004 gab der Wissenschaft Rätsel auf: Der Schädel gehörte einer Frau. Bei den übrigen Knochen handelt es sich aber wohl um die sterblichen Überreste des Dichters.

HOTEL

Villa del Poeta €€

Die imposante Villa steht am Ortsrand auf einem Hügel. Ruhe und Weitsicht sind garantiert.

- Via Zane 5 | Arquà Petrarca
  Tel. 04 29 77 79 18
  www.hotelvilladelpoeta.it

RESTAURANT

La Montanella €€

Die Spezialität des feinen Hauses ist Ente in Obst (Di abends, Mi geschl.).

- Via dei Carraresi 9 | Arquà Petrarca
  Tel. 04 29 71 82 00 | www.montanella.it

SHOPPING

Enoteca da Loris

Grappa und Wein in großer Auswahl.

> mehr S. 17 Punkt 32

- Via Valleselle 11 | Arquà Petrarca
  www.enotecadaloris.it

EVO del Borgo

Sehr gutes Olivenöl ist hier im Angebot.

- Via Fonteghe 17 | Arquà Petrarca
  Tel. 32 84 53 40 64
  www.evodelborgo.com

MONSELICE 18 H12

Der Ort (17 500 Einw.) liegt am Fuß der Euganeischen Hügel. Hübsch ist die zentrale, im Jahr 1870 neu gestaltete **Piazza Mazzini** mit einer

Blick vom Haus des Petrarca auf die Hügellandschaft der Colli Euganei

Loggia aus dem 16. Jh. und dem Stadtturm aus dem 13./16. Jh.

Von der Piazza Mazzini hügelaufwärts erreicht man auf einer gepflasterten Straße das **Castello Cini-Ca'Marcello,** einen restaurierten Burgkomplex, der mit Möbeln aus dem Mittelalter und der Renaissance ausgestattet wurde. Zudem gibt es eine interessante Waffensammlung, eine Bibliothek sowie das Antiquarium Longobardo mit Funden aus Langobardengräbern (Führungen Juni–Sept. Di–So 9, 10, 11, 15, 16 und 17, März–Mai, Okt./Nov. Di–So 9, 10, 11, 14 und 15 Uhr, www.castellodimonselice.it).

Hangaufwärts passiert man die **Villa Nani-Mocenigo** mit grotesken Gnomen auf der Mauer, die auf den Familiennamen anspielen (italienisch *nani* = Zwerge), und gelangt schließlich zum **Duomo Vecchio,** der ehemaligen Kathedrale mit strenger, spätromanischer Außengliederung und einem schönen Glockenturm (13. Jh.).

Eine Reihe von sechs Kapellen und eine kleine Kirche vor dem Aufgang zur **Villa Duodo** bilden das Santuario delle Sette Chiese. Pietro Duodo, der Erbauer der Villa, bewahrte hier die Reliquien auf, die er vom Papst 1592 für seine Dienste als Gesandter Venedigs am Heiligen Stuhl erhalten hatte. Die Villa selbst kann man nicht besichtigen.

RESTAURANT

La Torre €€

Das Restaurant ist auf Gerichte mit Trüffeln spezialisiert (So, Mo geschl.).

- Piazza Mazzini 14
  Monselice
  Tel. 042 97 37 52
  www.ristorantelatorremonselice.it

Karte S. 50

ESTE 19 G12

Vor 3000 Jahren war der Ort (heute 18 000 Einw.) das bedeutendste Zentrum der Veneter, die im Gebiet der Colli Euganei siedelten. Die mit Türmen bewehrten Mauern des **Castello** (14. Jh.), der Burgruine am Hang, bilden heute den monumentalen Rahmen für den **Stadtpark,** vor dessen Aufgang das reich mit archäologischen Funden bestückte **Museo Nazionale Atestino** steht (tgl. 8.30–19.30 Uhr). Gegenüber liegt das Zentrum um die **Piazza Maggiore** mit dem Rathaus (16. Jh.) und der breiten **Via Matteotti.** Westlich der Piazza erreicht man über die Via Cavour den **Dom Santa Tecla** (um 1700) mit einem Hochaltarbild von Tiepolo (1759), das die Befreiung der Stadt von der Pest durch Fürbitte der hl. Thekla darstellt. Wer Lust und Zeit hat, schlendert von hier aus zur Via Principe Umberto; die Kirche **San Martino** samt schiefem Glockenturm ist einen Blick wert.

RESTAURANT

Antica Sirone €

Unaufgeregtes Lokal mit vornehmlich einheimischen Gästen und ehrlicher lokaler Fleischküche (Di geschl.).

- Via Isidoro Altessi 1 | Este
  Tel. 04 29 60 15 83

SHOPPING

Este Ceramiche Porcellane

Este ist ein bekanntes Keramikzentrum.

› mehr S. 17 Punkt 38

- Via Zanchi 22 a | Este
  www.esteceramiche.com

MONTAGNANA 20 F12

Das Städtchen besitzt eine bestens erhaltene **Stadtmauer** mit 24 Türmen, 1360–1362 unter den Carrara errichtet. Man kann sie im begrünten Stadtgraben umwandern. Hier wird jedes Jahr am ersten Septembersamstag der **Palio dei 10 Comuni** (www.palio10comuni.it) veranstaltet, ein farbenprächtiges, historisches Pferderennen, das Scharen von Besuchern anzieht.

An den Schmalseiten stehen sich die Rocca degli Alberi und das von Ezzelino da Romano erbaute Castello di San Zeno (1242) gegenüber. An der **Via Matteotti** liegt der Hauptplatz mit dem **Dom** (1431 bis 1502), der den Übergang von der Gotik zur Renaissance zeigt.

INFO

IAT

- Castel S. Zeno | Piazza Trieste 15
  35044 Montagnana | Tel. 042 98 13 20
  www.comune.montagnana.pd.it

HOTEL/RESTAURANT

Albergo Aldo Moro €€

Komfortable Zimmer im Hotel, regionale Köstlichkeiten im Restaurant.

- Via Marconi 27 | Montagnana
  Tel. 042 98 13 51
  www.hotelaldomoro.com

SHOPPING

Prosciutteria Duomo

Der Prosciutto Dolce von Montagnana zählt zu den vorzüglichsten Schinken Italiens.

- Piazza Vittorio Emanuele 50
  Montagnana
  www.prosciutteriadimontagnana.it

VERONA, VICENZA & DAS NÖRDLICHE VENETO

Der grandiose Fernblick über den Gardasee lohnt den Aufstieg zum Monte Baldo

Operngenuss in der Arena di Verona, Baden und Wandern am Ostufer des Gardasees, Weinproben in Bardolino, Soave und Sant'Ambrogio di Valpolicella, architektonische Meisterwerke Andrea Palladios in und um Vicenza.

Im nördlichen Veneto gehen die südlichen Voralpen in die oberitalienische Ebene über. Im Massiv des Monte Baldo am Ostufer des Gardasees erreichen die Vorgebirge noch imposante Höhen um die 2000 m – ein Paradies für Wanderer und Mountainbiker. Am Gardasee lassen sich Aktivurlaub, Kulturgenuss und Schlemmen bestens kombinieren. Die Orte am Südzipfel des Sees eignen sich zudem als Ausgangspunkte für Besichtigungen in Verona. In der Ebene stehen eindeutig Kultur und Genuss im Vordergrund: Verona ist der alles überstrahlende Stern. Nicht nur die Arena, die gesamte Altstadt mit Scaligerburg, den mittelalterlichen Plätzen, den Romeo-und-Julia-Pilgerorten und sehenswerten Museen repräsentiert 2000 Jahre Geschichte und eine sympathische, lebhafte Gegenwart. Die kleineren Städtchen in der Umgebung wie Soave, Bardolino und Sant'Ambrogio di Valpolicella halten die Tradition des Weinbaus hoch, während die Menschen im Polesine die besten Reissorten kultivieren – nehmen Sie sich Zeit für die Verkostung der lokalen Spezialitäten und mieten Sie sich wenigstens zwei Tage in einem Agriturismo ein, denn dort kommt man am intensivsten mit Land und Leuten in Berührung.

Zweiter kultureller Fixpunkt ist Vicenza: Stadt und Umgebung sind

Blick über den Gardasee auf den Monte Baldo

von den Villen geprägt, die Andrea Palladio für reiche Venezianer auf der *terra ferma* errichtete und deren klassische Proportionen Vorbild waren für viele Landgüter Venetiens. Bekannt ist die Region um Vicenza aber noch für etwas anderes: Hier, rund um Bassano del Grappa, stehen die Brennanlagen für den berühmten Trester.

Die ebenfalls zum Veneto gehörenden, schroffen Felszacken der Dolomiti Bellunesi, die seit 1993 als Nationalpark unter Schutz stehen, sind ein herrliches Wandergebiet. Tipps dazu finden Sie, zusammengefasst mit den Nachbargipfeln der Dolomiti Friulane im Kapitel »Triest, Friaul & die südöstlichen Dolomiten« > S. 148.

TOUREN IN DER REGION

TOUR 5

WEIN & KULTUR IM TAL DES ADIGE

ROUTE: Rovereto > Nogaredo > Castello di Sabbionara d'Avio > Valpolicella > Soave

KARTE: Seite 88
DAUER: 130 km; 1 Tag
PRAKTISCHER HINWEIS:

- Wenn Sie mit dem eigenen Fahrzeug unterwegs sind, was empfehlenswert ist, sollten Sie bei der Umfahrung von Verona den Berufsverkehr meiden (Stau werktags zwischen 17 und 19 Uhr).

TOUR-START:

Der Startpunkt ist das romantische Städtchen **Rovereto** 8 > S. 101, das eigentlich zum Trentino gehört und hinter dem das Val Lagarina beginnt. Es ist das letzte Gletschertal, das der Adige passiert, bevor er die Voralpen verlässt. Es lohnt sich dem Adige über die Landstraßen zu folgen statt auf der Autobahn dahinzurasen. Auf der westlichen Flussseite gedeiht auf Basaltböden die berühmteste Rebe des Trentino, der Marzemino. Bereits Mozart pries den guten Tropfen in »Don Giovanni«. Hoch über Nogaredo liegt Castel Noarna, Mittelpunkt eines Weinguts (Besichtigung für Gruppen nach Voranmeldung Mobiltel. 33 56 29 59 65, www.castelnoarna.com). Einst wurden in der Burg Hexen gefoltert, enthauptet und verbrannt. Die Hexenprozesse von Nogaredo im 17./18. Jh. waren berüchtigt.

Über Nogaredo fahren Sie durch Rebengärten weiter zum hübschen Weinort Isera, wo Sie den Marzemino z. B. in der Cantina d'Isera (Via al Ponte 1, Tel. 04 64 43 37 95, www.cantinaisera.it, So geschl.) verkosten können. Malerisch liegt das Castello di Sabbionara d'Avio über dem Val Lagarina. Die weitläufige Anlage mit Bergfried, fünf Türmen, Palast und Festungsmauern gehört seit dem 12. Jh. den Grafen von Castelbarco, die sie nach dem Vorbild der Scaligerburgen zu einer repräsentativen Wohnresidenz umbauen ließen. Sie Fresken aus dem 14. Jh. sind besonders eindrucksvoll (März–Sept. Mi–So 10–18, Okt./Nov. 10–17 Uhr, www.fondoambiente.it).

Allmählich weichen die Berge, und Autobahn wie Landstraße wenden sich südostwärts in Richtung Verona. Eine Abzweigung nach Osten führt in das reizvolle Weinstädtchen **Sant' Ambrogio di Valpolicella** 6 › S. 101, bevor man **Verona** 1 › S. 91 nördlich umfährt. Anschließend geht es nach Osten bis **Soave** 19 › S. 105, zu weiteren Weinproben in historischen Gemäuern traditionsreicher Winzer.

TOUR 6

AUFSTIEG ZUM MONTE BALDO

ROUTE: Rifugio Novezzina (1235 m) › Cima di Valdritta (2218 m) › Punta Telegrafo (2200 m) › Rifugio Telegrafo (2147 m) › Rifugio Novezzina

KARTE: Seite 88
DAUER: ca. 6 Std.
PRAKTISCHE HINWEISE:

- Erforderlich sind Kondition, Trittsicherheit, teils Schwindelfreiheit.
- Die Anfahrt erfolgt mit dem Auto von Garda zum Rifugio Novezzina.
- Die Berghütten sind unregelmäßig geöffnet, also unbedingt Verpflegung und Getränke mitnehmen!

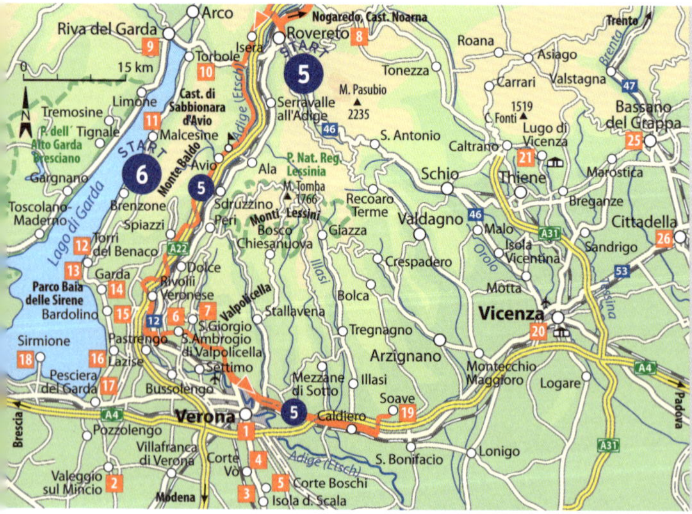

TOUR-START:

Wenn Sie sich das Massiv des Monte Baldo und dessen höchste Gipfel ohne Seilbahn erschließen möchten, starten Sie vom Rifugio Novezzina aus. Den Ausschilderungen in Richtung Punta Telegrafo folgend, wandert man auf einem steilen Pfad, der bergan zunächst durch Wiesen, später dann über Gestein führt. Nach etwa zwei Stunden hat man knapp 900 Höhenmeter überwunden und biegt an der Abzweigung zum Punta Telegrafo in die entgegengesetzte Richtung nach rechts ab. Jetzt beginnt der für Nicht-Schwindelfreie durchaus problematische Streckenabschnitt der Tour auf den Gipfel. Denn von nun an wandert man etwa eine Stunde lang auf einem Grat in gleichbleibender Höhe nach Norden, vorbei an Punta Pettorina (2192 m) in Richtung des höchsten Gipfels des Monte Baldo, der Cima di Valdritta (2218 m), der eine Viertelstunde später erreicht ist. Oben wird man mit einem herrlichen Panoramablick über den weit unterhalb liegenden Gardasee belohnt – und sich bei dieser Aussicht bestimmt eine lange Pause gönnen. Zurück geht es zunächst bis zur Abzweigung Richtung Punta Telegrafo wieder auf dem gleichen Weg. Von dort erfolgt dann aber der Aufstieg zu diesem Gipfel, der mit 2200 m auch nur unwesentlich niedriger ist als die Cima. Für die Rückkehr zum Rifugio Novezzina müssen mindestens 1½ Std. einkalkuliert werden.

TOUREN IM ADIGE & AM GARDASEE

TOUR 5

WEIN & KULTUR IM TAL DES ADIGE

Rovereto > Nogaredo > Castello di Sabbionara d'Avio > Valpolicella > Soave

TOUR 6

AUFSTIEG ZUM MONTE BALDO

Rifugio Novezzina (1235 m) > Cima di Valdritta (2218 m) > Punta Telegrafo (2200 m) > Rifugio Telegrafo (2147 m) > Rifugio Novezzina

TOUR 7

DIE PERLEN DES VENETO

ROUTE: Vicenza > Lugo di Vicenza > Marostica > Bassano del Grappa > Cittadella > Castelfranco > Asolo > Palladio-Villen > Asolo

KARTE: Seite 90
DAUER: 100 km; 2 Tage
PRAKTISCHE HINWEISE:

- Die Palladio-Villen sind mit dem ÖPNV schwer zu erreichen, sodass ein Auto empfehlenswert ist.
- Die Villa Godi-Malinverni bei Lugo di Vicenza ist nur Di nachmittags und an Wochenenden geöffnet, die Villa Caldogno nur an Wochenenden. Die Villa Emo ist, außer Sa/So, mittags 12.30–14 Uhr geschl.

 Karte S. 90

TOUR-START:

Die SP 46 verläuft von **Vicenza** 20 › S. 106 nach Norden in Richtung Thiene. In Caldogno können Sie bald Palladios Villa Caldogno (1542–1567) mit Fresken von Gian Battista Zelotti besichtigen (März bis Nov. Sa 9–12, 15–18, So 9–12 Uhr, www.villacaldogno.it). Über Thiene erreicht man Zugliano und schließlich **Lugo di Vicenza** 21 › S. 112, in dessen Umgebung zwei unbekanntere Palladio-Villen (Godi und Piovene) stehen. Danach geht es gen Osten nach Marostica (12 000 Einw.). Dessen Altstadtkern liegt am Fuß eines burgbekrönten Hügels zwischen den Wehrmauern des 14. Jhs., die sich bis zum Castello Superiore hinaufziehen. Auf dem weiten Geviert der Piazza vor dem Castello Inferiore findet alle zwei Jahre im September (nächster Termin 2020, www.marosticascacchi.it) die große Schachpartie mit lebenden Figuren in historischen Kostümen statt. Sie erinnert an die Sage von der schönen Lionora, um die sich zwei junge Herren duellieren wollten. Ihr weiser Vater überzeugte

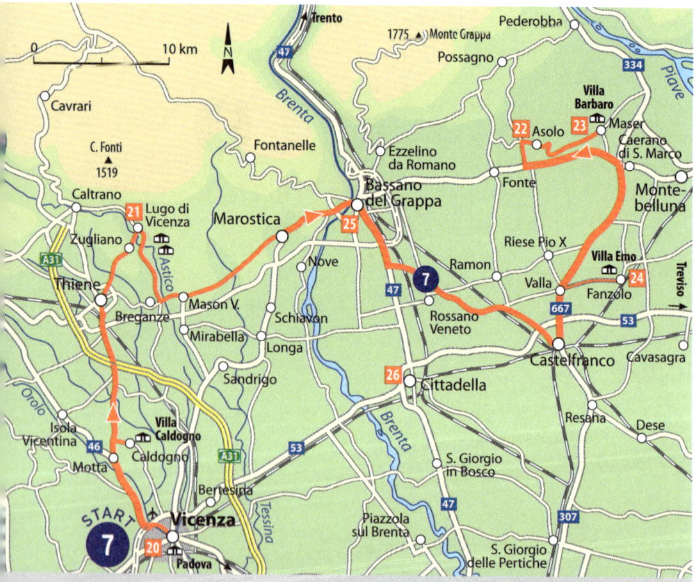

TOUR IM NÖRDLICHEN VENETO

TOUR 7

DIE PERLEN DES VENETO

Vicenza › Lugo di Vicenza › Marostica › Bassano del Grappa › Cittadella › Castelfranco › Asolo › Palladio-Villen › Asolo

die beiden jedoch, den Wettbewerb auf unblutige Weise am Schachbrett auszutragen. Dem Sieger wurde Linonora zugesprochen, dem Verlierer ihre Schwester. Zum Mittagessen genießen Sie bei herrlichem Panoramablick die fantasievollen Menüs des Restaurants Al Castello Superiore (€€, Via Cansignorio della Scala 4/A, Tel. 0 42 47 33 15, www.castellosuperiore.it).

Nächstes Etappenziel ist **Bassano del Grappa** 25 > S. 115, wo zumindest die Beifahrer den edlen Tresterschnaps verkosten sollten, bevor Sie weiterfahren und in Castelfranco Quartier beziehen (Tipp für die Übernachtung: Hotel Alla Torre (€€, Piazzetta Trento Trieste 7, Tel. 04 23 49 87 07, www.hotelallatorre.it). Mächtige Mauern umgeben das schmucke mittelalterliche Städtchen. Die weiten, von Arkadenhäusern gerahmten Flächen vor dem Stadtgraben dienten seit alters her als Markt für die Agrarprodukte der Region. Die Loggia Paveion an der Piazza Giorgione war früher der Stapelplatz für die Kornhändler. Auf einer Felsinsel im Wassergraben steht das Denkmal für den berühmten Sohn der Stadt, Giorgione (um 1478–1510), Begründer der venezianischen Malerei der Hochrenaissance. Eines der wenigen gesicherten Werke des Künstlers bewahrt der klassizistische Dom (18. Jh.): die Pala di Castelfranco, eine thronende Madonna mit den Heiligen Franziskus und Liberale. Neben dem Dom steht das Geburtshaus des Meisters, die Casa di Giorgione (Di–Do 9.30–12.30, Fr–So 9.30 bis 12.30, 14.30–18.30 Uhr, www.museocasagiorgione.it, auf Kombikarten achten). Feinste Regionalküche lockt anschließend ins Landgasthaus Pironetomosca (€€, Via Priuli 17/C, Treville, Tel. 04 23 47 27 51, www.osteriapironetomosca.it).

Auf der Weiterfahrt nach Norden lohnen Abstecher zur **Villa Emo bei Fanzolo** 24 > S. 115, ebenso ein Muss für Palladio-Fans wie die **Villa Barbaro** 23 > S. 113, in Maser bei **Asolo** 22 > S. 112, dem Endpunkt der Tour. Beide Villen sind Meisterwerke des Renaissancearchitekten.

UNTERWEGS IN DER REGION

VERONA 1 D11

Die 260 000 Einwohner zählende, eindrucksvolle Stadt besitzt viele Attraktionen. Opernliebhaber wallfahren zu den berühmten Sommerfestspielen in der römischen Arena, romantische Gemüter zu den Weihestätten der tragischen Liebesgeschichte von Romeo und Julia, Kunstliebhaber zu den großartigen Kirchen des Mittelalters. Getränkt von Geschichte, erfüllt von lebendiger Gegenwart, bietet die Stadt ihren Besuchern eine malerische historische Kulisse unter südlichem Himmel, schöne Geschäfte und eine hervorragende Küche.

Von Rom selbst einmal abgesehen, sind in keiner anderen italienischen Stadt so viele Spuren der Römerzeit erhalten wie in Verona, neben der Arena etwa der Arco dei Gavi oder die Stadttore Porta dei Borsari und Porta dei Leoni. Das antike Wegenetz bestimmt noch heute den Straßenverlauf der Altstadt. Veronas einstige strategische Bedeutung – es lag an der Kreuzung großer Fernstraßen – bezeugen die Reste dreier Festungsringe aus römischer, venezianischer und österreichischer Zeit.

Wer heute per Pkw anreist, findet u. a. an der Piazza Cittadella (nahe Piazza Brà) und Via M. Bentigodi (Corso Porta Nuova) Parkgaragen.

GESCHICHTE

Nach dem Untergang Roms residierten Ostgoten, Langobarden und Karolinger in den verfallenden rö-

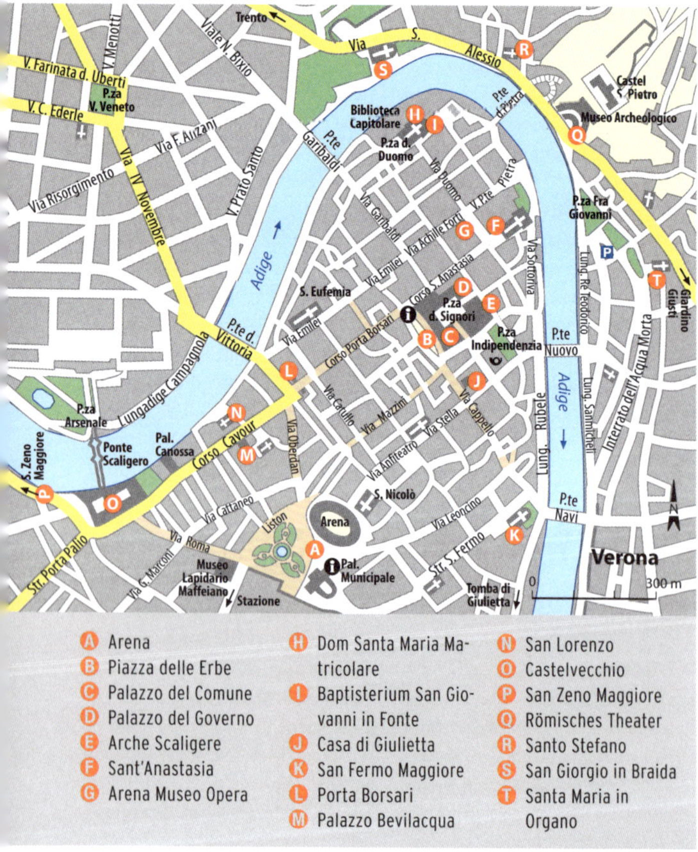

- A Arena
- B Piazza delle Erbe
- C Palazzo del Comune
- D Palazzo del Governo
- E Arche Scaligere
- F Sant'Anastasia
- G Arena Museo Opera
- H Dom Santa Maria Matricolare
- I Baptisterium San Giovanni in Fonte
- J Casa di Giulietta
- K San Fermo Maggiore
- L Porta Borsari
- M Palazzo Bevilacqua
- N San Lorenzo
- O Castelvecchio
- P San Zeno Maggiore
- Q Römisches Theater
- R Santo Stefano
- S San Giorgio in Braida
- T Santa Maria in Organo

Die Piazza Brà an der römischen Arena ist der Treffpunkt der Flaneure

mischen Mauern. Im 11. Jh. wurde Verona Stützpunkt deutscher Kaiser. Das 12. Jh. brachte die Stadtfreiheit (1136). Von 1262 bis 1387 währte die Ritterherrschaft der Scaliger. Wie alle Tyrannen des Mittelalters schmückten sie sich mit Geist und Kunst. Dante, aus dem heimatlichen Florenz verbannt, fand bei Cangrande I. della Scala Exil. 1405 unterwarf sich Verona freiwillig der venezianischen Republik. Ende der Dogenrepublik fiel es im 19. Jh. an das habsburgische Oberitalien, bis die Stadt 1866 Italien angegliedert wurde. Das Industriezeitalter hielt mit Verspätung nach dem Ersten Weltkrieg Einzug. Nach dem Zweiten Weltkrieg kam mit der rasanten Entwicklung zum Industrie- und Handelszentrum auch die Zersiedlung des Umlands. Seit 2000 zählt Veronas Altstadt zum UNESCO-Weltkulturerbe.

ARENA A 6 d3

Der weiträumige Platz, die **Piazza Brà**, ist das großartige Foyer des alten Verona, begrenzt von der römischen Arena, monumentalen Säulenfassaden und dem Liston, der breiten Promenade aus dem 18. Jh., wo sich unter den Arkaden die Stühle der Kaffeehäuser aneinanderreihen. Bei den Veronesern besonders beliebte Treffpunkte sind übrigens das **Caffè Liston** und das **Caffè Baglioni.**

Das im 1. Jh. erbaute Amphitheater bot und bietet über 20 000 Zuschauern Platz und war mit 152 m Länge und 123 m Breite die drittgrößte Arena im römischen Reich. In der Antike ergötzte man sich an Gladiatorenspielen und Tierhetzen. Im frühen Mittelalter bauten die Bischöfe das Amphitheater zur Burgfestung um. Unter den Scaligern wurde die Arena Schauplatz für Turniere und andere farbenprächtige Ritterspiele. Im 19. Jh. gab es erstmals große Konzerte. Die Aufführung von Verdis »Aida« zur Feier des 100. Geburtstags des Komponisten 1913 war der Auftakt zu den sommerlichen Opernfestspielen (Mo 13.30–19.30, Di–So 8.30–19.30 Uhr, www.arena.it).

PIAZZA DELLE ERBE B c3

Die Fußgängerstraße **Via Mazzini** ist ein einziges Schaufenster und die allzeit belebte Hauptverbindung ins Zentrum der Altstadt, zur Piazza delle Erbe. Das Marktzentrum erstreckt sich auf dem Platz des römischen Forums. Das städtische Wahrzeichen, die **Madonna di Verona** in der Platzmitte, eine antike Statue, die im 14. Jh. einen neuen Kopf erhielt, steht über einer Brunnenschale aus den römischen Thermen. Gesäumt ist die Piazza von den **Case dei Mazzanti** mit bunten Fresken (1530), schmalbrüstigen Turmhäusern an der Ecke zur Via Mazzini, der romanischen Loggia der **Casa dei Mercanti** (im 19. Jh. erneuert) und am Kopfende vom barocken **Palazzo Maffei** (1680).

Ein hoher Bogen (Arco della Costa) verbindet Herz und Haupt der Stadt, Volksplatz und Staatsplatz. Die auf allen Seiten von Bögen hofartig umschlossene **Piazza dei Signori** ist die großartige städtebauliche Artikulation der Regierungsmacht.

Die Altstadt von Verona schmiegt sich an die Etsch

Das älteste Gebäude, der **Palazzo del Comune** Ⓒ, stammt aus der Zeit der Stadtfreiheit (Ende des 12. Jhs.). Sein Innenhof ist noch im Originalzustand erhalten. Auf die 83 m hohe **Torre dei Lamberti** kann man hinauffahren, um den grandiosen Blick über Verona zu genießen (tgl. 10–19 Uhr). Die schöne Außentreppe des Hofs stammt von 1450. Der Palast daneben war einst der Sitz des venezianischen Statthalters. Ein Bogen über die Via S. Maria Antica verbindet ihn mit dem **Palazzo del Governo** Ⓓ, einem mächtigen Backsteinbau mit Ghibellinenzinnen. Die Scaligerresidenz wurde kurz nach 1300 errichtet und beherbergte berühmte Gäste wie Dante und Giotto. Heute ist hier die Präfektur untergerbacht.

Ein Schmuckstück aus der Frührenaissance ist die **Loggia del Consiglio** (1490), perfekt harmonisch in den Proportionen und zart dekoriert mit fein ziseliertem Ornament. Würde und Eleganz atmet auch das **Antico Caffè Dante**, das älteste am Platz (www.caffedante.it).

Unweit der Piazza dei Signori befindet sich der Familienfriedhof der Scaliger mit den **Arche Scaligere** Ⓔ c3. Vor der kleinen romanischen Kirche **Santa Maria Antica** bauen sich die ungewöhnlichen Grabmäler auf: steinerne Sarkophage unter riesigen gotischen Tabernakeln, auf deren hohen Spitzen Reiterstatuen der Verstorbenen balancieren. Ein schmiedeeisernes Gitter, in dem sich das Wappensymbol der Scaliger, die Leiter (ital. *scala*), vielfach wiederholt, umgibt den Bezirk. Das Original der Reiterstatue Cangrandes I. (gest. 1329) steht im Museum des Castelvecchio. In der Via Arche Scaligere befindet sich die angebliche **Casa di Romeo** (Nr. 2–4). Die Volksfantasie unterlegte Shakespeares tragische Liebesgeschichte von Romeo und Julia mit außerordentlich suggestiven »Original«-Schauplätzen. Schon im 19. Jh. zeigte man Reisenden den romantischen mittelalterlichen Palazzetto in der Via Cappello als **Casa di Giulietta** › S. 97. Besonders anrührend ist der Ort, den man für Julias Grab **(Tomba di Giulietta)** fand, das abgelegene Kapuzinerkloster San Francesco in der Via Pontiere südöstlich der Stadt.

SANT'ANASTASIA F b3

Die majestätische gotische Backsteinkirche Sant'Anastasia (15. Jh.) schmückt ein Portal aus polychromem Marmor (14. Jh.). Den gotischen **Innenraum** mit den buckligen Weihwasserträgern, den *due gobbi* (16. Jh.), säumen reich ausgestattete **Chorkapellen.** Schöne Fresken (um 1390) von Altichiero Altichieri zieren die Cappella Cavalli ganz rechts. Den Querhausaltar schmückt eine Sacra Conversazione der Frührenaissance. Das **Grabmonument** (1424–29) der Hauptkapelle zeigt die Reiterstatue des Condottiere Cortesia Serego, geschaffen von Donatellos Mitarbeiter Nanni di Bartolo. In der nächsten Kapelle lauscht eine Renaissancegesellschaft aus der Zeit um 1500 einer Predigt Jesu vor einer Gardaseelandschaft. Das kostbarste Fresko wurde von der Wand gelöst und in einem Nebenraum ausgestellt (Eingang linkes Querhaus). Das um 1435 entstandene Meisterwerk Pisanellos zeigt den **hl. Georg** als blondgelockten jungen Ritter mit der Prinzessin, für die er den Drachen töten wird (März–Okt. Mo–Sa 9–18, So 13–18, sonst Mo–Sa 10–13 und 13.30–17, So 13–17 Uhr).

ARENA MUSEO OPERA G b3

Das Arena Museo Opera lädt im **Palazzo Forti** zu einem unterhaltsamen und informativen, teils multimedial gestalteten Rundgang zur Geschichte der Oper ein (Via Massalongo 7, Tel. 04 58 03 04 61, www.arenamuseopera.com, Mo 14.30 bis 19.30, Di–So 9.30–19.30 Uhr).

PIAZZA DUOMO b3

Die Via Duomo mit schönen Palästen des 15. und 16. Jhs. führt direkt auf den Domplatz. Der **Dom Santa Maria Matricolare** H wurde nach dem Erdbeben 1117 in einer Schleife der Etsch neu errichtet und im 15. Jh. aufgestockt. Imposant staffeln sich die Giebel der Westfassade über dem Portal. Die großartige romanische Plastik (1139) signierte Meister Nicolò, der auch die Portalzone von San Zeno Maggiore › S. 98 gestaltete. Das dreischiffige Innere, in dem mächtige Bündelpfeiler aus rotem Veroneser Marmor die gotischen Gewölbe stützen, beeindruckt durch seine Höhe. Aus dem Chorraum leuchten die Fresken von 1534. In der ersten Kapelle links ist eine Himmelfahrt Mariens (Assunta) von Tizian zu bewundern. Der knieende Apostel rechts soll den Veroneser Renaissancearchitekten Sanmicheli darstellen (März–Okt. Mo–Sa 10–17.30, So 13.30–17.30, sonst Mo–Fr 10–13, 13.30–17, Sa 10–13, 13.30–16, So 13.30–17 Uhr, www.cattedralediverona.it).

Mit dem Dom sind weitere sehenswerte Bauten verbunden: das **Baptisterium San Giovanni in Fonte** I mit wunderbaren Reliefs von 1200 am Taufbecken, der romanische **Kreuzgang** und die noch ältere Kirche **Sant'Elena.** Eventuell lohnt sich ein Sammelticket für Dom, Sant'Anastasia, San Zeno Maggiore und San Fermo (Verkauf in den Kirchen 6 €, www.chieseverona.it oder mit der Verona Card 18 €/24 Std., 22 €/72 Std., www.veronacard.it).

AUF DER RÖMERACHSE

Die Hauptstraßen der Römerstadt kreuzten sich am Forum (Piazza delle Erbe). Die abgehende **Via Cappello** liegt über dem antiken *Cardo maximus*. Ein Teil des römischen Stadttors, **Porta dei Leoni**, ist links sichtbar. Zur gotischen **Casa di Giulietta** J c3 pilgern Verehrer von Julia, um sich ihr Sehnen auf dem aber erst 1935 angebauten Balkon auszumalen und um eigenes Liebesglück zu bitten (Mo 13.30 bis 19.30, Di–So 8.30–19.30 Uhr).

Vor den Mauern der Römerstadt wurde im 8. Jh. über Grabkapellen frühchristlicher Märtyrer das Benediktinerkloster **San Fermo Maggiore** K d4 mit zwei übereinanderliegenden Gotteshäusern gegründet. Die obere Saalkirche (14. Jh.) schmücken eine schöne **Holzdecke** (1314), viele Fresken, u. a. Verkündigung von Pisanello an der linken Seitenwand, Grabmäler und eine prächtige Kanzel von 1496. In der höhlenartigen romanischen **Unterkirche** zieren Fresken aus dem 13./14. Jh. die Pfeiler (Mo–Sa 10 bis 18, So 13–18, Nov.–Febr. Mo–Sa 10–13, 13.30–17, So 13–17 Uhr).

Hinter der Piazza delle Erbe folgt der Corso Porta Borsari dem Verlauf des einstigen *Decumanus maximus*. An der römischen **Porta Borsari** L c3, deren Außenfront mit übergiebelten Torbögen und Fenstern seit fast 2000 Jahren die Straße überbrückt, mündete die Via Postumia, die von Genua bis nach Aquileia führte. Pausieren kann man im **Caffè Tubino** (Corso Porta Borsari 15). > mehr S. 14 Punkt 15

Am Corso Cavour Nr. 19 steht Sanmichelis **Palazzo Bevilacqua** M c2 von 1534, dessen spiralig kannellierte Säulen deutlich von der Porta Borsari inspiriert sind. Gegenüber liegt der Eingang zu der romanischen Kirche **San Lorenzo** N c2 (11./12. Jh.). Das heute schmucklose dreischiffige, ausgesprochen schmale und hohe Innere zeigt unverputztes Schichtmauerwerk aus gelbem und rotem Stein.

Vorbei am Palazzo Canossa von Sanmicheli (Nr. 44) und dem römischen **Arco dei Gavi**, dem ursprünglich aus dem 1. Jh. stammenden Triumphbogen, erreicht man das **Castelvecchio** O d2. Cangrande II. della Scala ließ 1354 bis 1356 aus Furcht vor Unruhen die mit der wehrhaften Fluchtbrücke **Ponte Scaligero** über den Adige gesicherte Burg errichten. Nach ei-

GRATIS ENTDECKEN

- Das interessante **Museo del Vino** in Bardolino verlangt keinen Eintritt > S. 104
- Auch der Besuch des Museums **Olio extravergine di olive** in Bardolino ist kostenlos. > S. 104
- Wie der Tresterschnapps gebrannt wird, zeigt bei freiem Eintritt das **Poli Museo del Grappa** in Bassano del Grappa. > S. 116
- Die gratis zugängliche **Casa Cima** in Conegliano dokumentiert das Leben des Renaissancemalers Cima da Conegliano. > S. 145

Den Ponte Scaligero errichtete Cangrande II. della Scala als Fluchtbrücke

nem Umbau von Carlo Scarpa beherbergt sie das **Civico Museo dell'Arte** mit Veroneser und venezianischer Malerei (Di–So 8.30 bis 19.30, Mo 13.30–19.30 Uhr).

SAN ZENO MAGGIORE P c1

Abseits des Altstadtkerns liegt die großartige romanische Basilika San Zeno Maggiore, jahrhundertelang das eigentliche geistliche Zentrum des bürgerlichen Verona, deren Bau (1118–1135) mit dem Aufstieg zur freien Stadtkommune verknüpft war. Der hohe **Campanile** ist der älteste des mittelalterlichen Verona.

Die herrliche **Portalanlage** schuf der romanische Bildhauer Niccolò, von dessen Hand auch die Fassadenreliefs der Dome von Verona › S. 96 und Ferrara stammen. Im Giebelfeld überreicht der hl. Zeno das Banner der Stadtkommune an die Bürger von Verona. Seine Wundertaten schildert der Fries darunter. Stark ist die Ausdruckskraft der 24 Bronzetafeln des Portals mit Szenen aus dem Alten und Neuen Testament sowie dem Leben des Kirchenpatrons (1100–1200).

Der weite, hohe **Innenraum** ist von strenger Einfachheit. Die hölzerne Schiffskieldecke stammt von 1384. Über der **Krypta** mit dem Sarkophag des hl. Zeno befindet sich der Chor. Den Hauptaltar schmückt ein **Triptychon** (1459) von Andrea Mantegna mit einer von Engeln flankierten Madonna und Heiligen. Sehenswert ist auch der **Kreuzgang** (14. Jh.), der einzige noch erhaltene Teil des Klosters (März–Okt. Mo–Sa 8.30–18, So 12.30–18, Nov.–Febr. Mo–Sa 10–13, 13.30–17, So 12.30–17 Uhr, www.basilicasanzeno.it).

JENSEITS DES ADIGE

Über den Ponte della Pietra im Norden Veronas quert man den Fluss. Der Hügel **San Pietro** ist der alte Siedlungskern der Stadt. Zur Römerzeit erhob sich hier statt der Festung ein Tempel. Darunter ist das **Römische Theater** Q b4 (1. Jh.) in den Hang gebettet. Eine Standseilbahn fährt hinauf zum **Archäologischen Museum** im ehemaligen Kloster San Girolamo (Mo 13.30 bis 19.30, Di–So 8.30–19.30 Uhr).

Zwei interessante Kirchen stehen flussaufwärts: **Santo Stefano** R d3, die erste Kathedrale Veronas, gegründet im 5. Jh., mit frühchristlichen und mittelalterlichen Relikten und der Krypta aus dem 10. Jh., sowie **San Giorgio in Braida** S d3, ein Bau der Frührenaissance (ab 1477) mit einer weithin sichtbaren Kuppel von Sanmicheli und einem Hochaltarbild von Paolo Veronese. Flussabwärts punktet **Santa Maria in Organo** T d3 mit einer Fassade von Sanmicheli, Fresken und Chorgestühl der Renaissance sowie vorromanischer Krypta. Wie eine Oase erscheint der **Giardino Giusti** des 16. Jh., den schon Goethe besuchte (April–Sept. tgl. 9–19 Uhr).

INFO

IAT

- Via degli Alpini 9 (Piazza Brà) 37121 Verona | Tel. 04 58 06 86 80 www.turismoverona.eu

HOTELS

Giulietta e Romeo €€–€€€

30 behagliche Zimmer in einem modernisierten Palazzo nahe der Arena.

- Via Tre Marchetti 3 | Verona Tel. 04 58 00 35 54 www.giuliettaeromeo.com

Best Western De Capuleti €€

42 ruhige, modern ausgestattete Zimmer gegenüber dem »Grab der Julia«.

- Via del Pontiere 26 | Verona Tel. 04 58 00 01 54 | www.hotelcapuleti.it

Torcolo €€

Freundliches Hotel mit nur 19 Zimmern, für seine zentrale Lage erstaunlich preiswert.

- Vicolo Listone 3 | Verona Tel. 04 58 00 75 12 | www.hoteltorcolo.it

RESTAURANTS

Il Desco €€€

In einem Palast des 15. Jhs. wird raffiniert variierte regionale Küche serviert.

- Via Dietro S. Sebastiano 7 | Verona Tel. 045 59 53 58 www.ristoranteildesco.it

Bottega del Vino €€

Zum hervorragenden Wein gibt's köstliche *cichetti*. Di geschl.

- Via Scudo di Francia 3 | Verona Tel. 04 58 00 45 35 | www.bottegavini.it

Alcova del Frate €–€€

Urige Osteria mit regionaler Küche und günstigen Preisen.

- Via Ponte Pietra 19 | Verona Tel. 04 58 00 06 53 www.alcovadelfrate.it

Carro armato €

Hier kann man sich bei einem *goto de vin*, einem Zehntel Wein, und kleinen Häppchen, *cichetti*, unters Volk mischen.

- Vicolo Gatto 2/A | Verona Tel. 04 58 03 01 75

Karte S. 92

SHOPPING

Salumeria Albertini

Einer der besten Feinkostläden Veronas.

- Corso Sant'Anastasia 41 | Verona
  Tel. 04 58 03 10 74

Antiquitätenmarkt

Jeden 1. So im Monat, Piazza San Zeno.

Casa della Pantofola

Wenn Sie hier nicht die idealen Hausschuhe finden, wo sonst? Die Auswahl ist phänomenal! > mehr S. 17 Punkt 35

- Via Cappello 3 | Verona
  Tel. 04 58 03 08 53
  www.scarpadoroverona.it

AKTIVITÄTEN

Opernfestspiele in der Arena

Die Festspiele finden alljährlich von Mittel Juni bis Anfang September statt. Randplätze kosten ab 25 €, die besten Plätze im Parkett bis ca. 200 €.

- Arena di Verona Foundation
  Via Dietro Anfiteatro 6/B | Verona
  Tel. 04 58 00 51 51 | www.arena.it

Mit dem Rad durch Verona

Über **Bike Verona** kann man an Stationen in der ganzen Stadt nach der Registrierung (30 €, telefonisch oder online) Fahrräder ausleihen (0,50 €/30 Min.).

- Servicetel. 800 89 69 48
  www.bikeverona.it

AUSFLÜGE VON VERONA

VALEGGIO SUL MINCIO 2 B11

Rund 30 km südwestlich von Verona wurden in dem 10 000-Einwohner-Städtchen Valeggio sul Mincio angeblich die Tortellini erfunden, was Mitte Juni Anlass gibt zu einem Riesen-Tortellini-Gelage auf der Scaligerbrücke mit mehreren tausend Teilnehmern. Wer kein Ticket mehr bekommt, schaut zu, auch das ist ein Event. Der Ponte Rotto, die Festungsmauern und das mächtige Kastell stammen aus dem 13./14. Jh. Feinschmecker kehren gern in der **Antica Locanda Mincio** ein, die die hohe Kunst der Zubereitung gefüllter Tortellini zelebriert, und das in idyllischer Lage direkt am Fluss (€€€, Via Buonarroti 12, Loc. Borghetto, Tel. 04 57 95 00 59, www.anticalocandamincio.it).

LA BASSA VERONESE D12

Die eigenwillige flache Landschaft, von Flüsschen durchzogen, gesprenkelt mit Kleinstädten und den Überresten der Verteidigungslinie, die die Scaliger südlich von Verona im Grenzgebiet zu Venedig errichteten, ist ein idealer Ort für Radtouren: Eine führt um **Isola della Scala** 3, das Zentrum des Reisanbaus (hier wächst der beste Risottoreis Italiens), zu dem 1742 im Stil Palladios erbauten **Corte Vò** 4 (Via Pindemonte 6) oder dem 3 km nordöstlich gelegenen **Corte Boschi** 5 von 1747, auf dessen Ländereien noch eine 1612 aufgebaute Reisschälanlage erhalten ist (unregelmäßig geöffnet). Wunderbar übernachten kann man im **Agriturismo Cooperativa Ca' Magre**, einem Bauernhof mit Laden, der seine Produkte zudem auf vielen Wochenmärkten anbietet (€–€€, Via Ca' Magre 69, Isola della Scala, Tel. 04 56 63 06 92, www.camagrecoop.net).

VALPOLICELLA C10

Von **Sant'Ambrogio di Valpolicella** 6 an den Ausläufern der Lessinischen Berge kommen zwei berühmte Rotweine: der Rosso di Verona und der starke süße Recioto-Wein. Hier beginnt das berühmte Weinanbaugebiet **Valpolicella,** dessen Zentren in den Tälern um Fumane, Negrar und Marano sowie Gargagnago liegen. Einen Abstecher lohnt **San Giorgio di Valpolicella** 7 mit der gleichnamigen romanischen **Pfarrkirche** und Fernsicht bis hin zum Gardasee.

HOTEL

Antica Corte al Molino €€

Historisches Herrenhaus mit Mühle und Weingut. Die exzellente Küche basiert auf Biofleisch und eigenem Gemüse.

- Via Crosetta 8
  37024 San Peretto di Negrar
  Tel. 04 57 50 20 72
  www.anticacortealmolino.com

RESTAURANT

Groto de Corgnan €€

Exzellente Regionalküche, im Herbst mit feinen Trüffeln und Pilzen.

- Via Corgnan 41
  37010 Sant'Ambrogio
  Tel. 04 57 73 13 72
  www.grotodecorgnan.it

SHOPPING

Corte Aleardi

Die Weine dieses Gutes zählen zu den besten des Valpolicella.

- Via Giare 3
  37015 Gargagno di Sant'Ambrogio
  Tel. 04 57 70 13 79
  www.cortealeardi.com

ROVERETO 8 D7

Die am Beginn des Val Lagarina gelegene Handels- und Industriestadt (37 500 Einw.) besitzt einen idyllischen Altstadtkern. Mit Fresken geschmückte Fassaden künden vom einstigen Wohlstand der Stadt. Im 16. Jh. entstanden mit den Seidenspinnereien erste Manufakturen, von denen das ganze Tal lebte. Unter den Habsburgern erlebte Rovereto im 18. Jh. seine Blütezeit. 1769 gab der junge Mozart hier sein erstes Konzert in Italien.

Rovereto ist ein beliebtes Ausflugsziel vom nördlichen Gardasee aus. Zentrum der hübschen Altstadt ist die malerische **Piazza Battisti** mit dem barocken Neptunbrunnen.

Das MART in Rovereto begeistert mit Kunst

Die Via Rialto führt zum Turm von **San Marco** (1483) und zur gleichnamigen barock umgestalteten Kirche. Überragt wird dei Altstadt von der gewaltigen Anlage des **Castello** (um 1300), in dem ein Kriegsmuseum, das **Museo Storico Italiano della Guerra,** untergebracht ist (Mo–Fr 8.30–12.30, 14–18 Uhr, Artillerieabteilung nur Mai–Okt., www.museodellaguerra.it). Das **Rathaus** duckt sich in einem Palast des 15./16. Jhs. unterhalb der Burg. Dahinter fließt das Flüsschen Leno, an dem sich jenseits der Brücke ehemalige Seidenspinnereien reihen, die einst von Wassermühlen betrieben wurden.

Der Tessiner Mario Botta bereicherte die Architektur Roveretos um das **MART.** Der spektakuläre Museumsbau mit gläserner Kuppel birgt eine der größten Sammlungen moderner und zeitgenössischer Kunst in Italien. Außerdem finden Kulturveranstaltungen statt (Corso Bettini 43, Di–So 10–18, Fr bis 21 Uhr, www.mart.trento.it, 11 €).

INFO

IAT

- Piazza Rosmini 16 | 38068 Rovereto
  Tel. 04 64 43 03 63
  www.visitrovereto.it

HOTEL

Rovereto €€

Stilvolles Boutiquehotel in einem Palazzo aus dem 19. Jh. mit einem ausgezeichneten Restaurant.

- Corso Rosmini 82/D | Rovereto
  Tel. 04 64 43 52 22
  www.hotelrovereto.it

RESTAURANTS

Il Doge €€

Raffinierte, auch vegetarische Küche in eleganter Gewölbeatmosphäre.

- Scala del Redentore 4 | Rovereto
  Tel. 04 64 48 08 54
  www.ristorantedoge.it

Stappomatto €€

Die gemütliche Birreria serviert außer einer großen Auswahl an Bieren auch köstliche Kleinigkeiten zum Essen.

- Corso Bettini 56/A | Rovereto
  Tel. 04 64 43 25 51

DAS OSTUFER DES GARDASEES

Nur das östliche Ufer von Italiens größtem See (370 km²) gehört zur Region Veneto. Die kurvenreiche Fahrt entlang der Uferstraße, der Gardesana Orientale, lohnt wegen der schönen Ausblicke auf die grandiose Natur und hübsche, von Scaligerburgen überragte Städtchen.

VON RIVA BIS GARDA

Riva del Gardas 9 C7 Ortszentrum prägen Bauten des 13./14. Jhs. wie die 34 m hohe Torre Apponale am Hafen, der Palazzo Pretorio und die Casa del Comune. Die im 12. Jh. errichtete und von Scaligern wie den Trientiner Bischöfen umgebaute Wasserfestung **Rocca** beherrscht das Ufer östlich des Hafens. Sehenswert ist auch die von außen schlichte, innen aber umso üppigere Barockkirche **Chiesa dell'Inviolata.**

Dass **Torbole** 10 C7, 4 km östlich, ein Mekka der Windsurfer ist, erkennt man auf den ersten Blick an den bunten Segeln, die dank der günstigen Winde pfeilschnell übers Wasser jagen. Unterkünfte gibt es hier für jeden Geldbeutel. Und nach dem Spaß trifft sich die Szene an den Sommerwochenenden in der **Beach Bar Conca d'Oro** am Jachthafen (Lungolago Verona, Nago).

Einige Tunnel und 15 km weiter liegt am Hang des Monte-Baldo-Massivs **Malcesine** 11 B8, bewacht von einem Scaligerkastell (13./14. Jh.), in dem ein Museum einerseits über Goethes Aufenthalt am Gardasee und andererseits über die Naturlandschaft des Monte Baldo und des Gardasees informiert (April–Okt. tgl. 9.30–19.30, sonst 11–16 Uhr). Kleine kopfsteingepflasterte Gassen führen durch den pittoresken Ort, von dem aus eine Seilbahn auf die 1720 m hohe Spitze Tratto Spino des Monte Baldo fährt. Zu bestimmten Zeiten werden auch Mountainbikes transportiert (Mitte Juni–Mitte Sept. tgl. 8–18 Uhr, www.funiviedelbaldo.it).

Um das 22 km weiter südlich gelegene **Torri del Benaco** 12 B9 wird die Landschaft offener. Der hübsche Ort steht im Schatten einer weiteren trutzigen Scaligerburg (14. Jh.), in der ein Museum die interessante Geschichte des Olivenanbaus und des Fischfangs dokumentiert (Mitte Juni–Mitte Sept. tgl. 9.30–13 und 16.30–19.30, April bis Mitte Juni und Mitte Sept.–Okt. 9.30–12.30, 14.30–18 Uhr). Einen idyllischen Badeplatz finden Sie 4 km weiter an der Punta S. Vigilio im **Parco Baia delle Sirene** 13 B9, der eine um 1500 von Michele Sanmicheli erbaute Villa rahmt, heute Luxushotel (www.parcobaiadellesirene.it).

Rund 3 km hinter **Garda** 14 B9 verlässt man die Gebirgsregion endgültig. Das Umland des Sees ist nun eben und stark zersiedelt; hier im Südosten liegen auch die großen

Das Städtchen Malcesine schiebt sich weit in den Gardasee vor

Vergnügungsparks wie Gardaland. Garda selbst hat trotz Touristenansturm sein hübsches Ortszentrum mit zwei von Sanmicheli erbauten Palazzi bewahren können.

VON GARDA BIS SIRMIONE

Knapp 4 km sind es ins Weinstädtchen **Bardolino** 15 B10, das nicht nur ein hübsches Ortsbild, sondern auch ein Weinmuseum (Cantina Zeni, März–Okt. tgl. 9–12.30 und 14.30–19 Uhr, www.museodelvino.it) und ein Olivenmuseum (Via Peschiera 54, Mo–Fr 9–12.30, 14.30 bis 18, Sa 9–12.30, 14.30–19, So 9–12.30 Uhr, www.museum.it) bietet. Auch **Lazise** 16 B10, 6 km südlich, weist ein Scaligerburg auf. Um das Hafenbecken ist die Atmosphäre sehr beschaulich.

Auch **Peschiera del Garda** 17 B11, am Abfluss des Mincio aus dem See gelegen, wurde stark befestigt – hier errichteten die Serenissima wie die Habsburger Mauern zur Sicherung der Schifffahrtswege, die über den Mincio bis zur Adria führten. Sie zählen zum länderübergreifenden UNESCO-Kulturerbe: Venezianisches Verteidigungssystem des 15. bis 17. Jhs. Der 8 km lange Uferabschnitt zwischen beiden Orten ist von Campingplätzen gesäumt.

17 km weiter nordwestlich liegt **Sirmione** 18 A10 auf seiner schmalen, weit in den See ragenden, durch einen Damm künstlich geschaffenen Halbinsel. Römische Bürger ließen sich in Thermen verwöhnen. Scaliger sicherten den Zugang mit dem mächtigen **Castello**. Die Altstadt quillt über vor Souvenirläden, Restaurants und Cafés. An der Spitze der Halbinsel sind Fundamente einer römischen Villa aus dem 1./2. Jh., bekannt als **Grotte di Catullo,** zu besichtigen. Die Kalkterrassen davor gelten als einer der schönsten Badeplätze am See.

INFO

Info-Büros gibt es in allen Gardasee-Orten. Online-Infos unter www.gardasee.com oder www.gardasee.de.

HOTELS

Antica Locanda del Contrabbandiere €€
Historischer Gutshof mit drei angenehmen Zimmern und Feinschmeckerrestaurant etwas abseits des Seerummels.
- 25010 Pozzolengo | Tel. 030 91 81 51
  www.locandadelcontrabbandiere.com

Meridiana €€
Das Mittelklassehotel liegt nicht weit von der Seilbahnstation zum Monte Baldo.
- Via Navene Vecchia 39
  37018 Malcesine | Tel. 04 57 40 03 42
  www.hotelmeridiana.it

RESTAURANTS

Al Pescatore €€–€€€
Feinster Fisch in einem schönen Gasthaus zwischen Malcesine und Garda.
- Via Imbarcadero 31
  37010 Casteletto di Brenzone
  Tel. 04 57 43 07 02
  www.osteriaalpescatore.it

Re Lear €€–€€€
Traditionelle Gerichte mit modernem Esprit, serviert in historischen Gewölben.
- Piazza Cavour 23 | Malcesine
  Tel. 04 57 40 06 16
  www.facebook.com/relearmalcesine

Pié di Castello €€
Spezialität der Trattoria unweit von Riva, ist regionale Kost wie das Pökelfleisch *carne salada* (Mo abends, Di geschl.).

- Via al Cingol Ros 38
  38060 Cologna di Tenno
  Tel. 04 64 52 10 65
  www.piedicastello.it

AKTIVITÄTEN

In der Nähe von Peschiera del Garda werden Jung und Alt bestens unterhalten: im Vergnügungspark **Gardaland** (www.gardaland.it), im **Gardaland Sea Life Aquarium** (www.visitsealife.com) und in der **Caneva World** (www.canevaworld.it) mit dem Wasserpark »Aqua Paradise« und dem Filmthemenpark »Movieland«.

SOAVE 19 E11

Zentrum eines weiteren berühmten Weingebiets ist Soave (7000 Einw.) unterhalb des gewaltigen **Castello** der Scaliger. Cansignore della Scala ließ die Burg und die Mauer mit 24 Türmen errichten, die noch heute Burg und Stadt umschließt (Sommer Di–So 9–12, 15–18.30, Winter 9–12, 14–16 Uhr, www.castellodisoave.it). Malerisch ist das Mittelalterfest am 3. Sonntag im Mai. Auch das **Traubenfest** am 3. Sonntag im September lohnt einen Besuch.

HOTEL

Damaranto €€
Moderne, geschmackvoll eingerichtete Zimmer in historischem Haus mit Garten viel gelobtem Restaurant.

- Corso V. Emmanuele 50
  37038 Soave | Tel. 04 56 19 07 01
  www.damaranto.com

RESTAURANT

Dai Tomasi €€
Gemütliche Osteria in der Nähe von Soave, die zur bodenständigen Schlemmerei verführt (So geschl.).

- 37030 Lavagno | Via Monti Lessini 20
  Tel. 045 98 34 00
  www.trattoriadaitomasi.com

SHOPPING

In der Via Roma, der Hauptstraße der Altstadt, kann man sich bei der **Enoteca del Soave** und der Weinkellerei **Coffele** mit Soave-Weinen eindecken. Am Ende der Via Roma kehrt man in die **Enoteca Il Drago** unter einer gotischen Loggia ein, wo zu Wein leckere Häppchen wie unterschiedlich belegte *bruschette* serviert werden (auch Restaurant, www.enotecaildrago.it). > **mehr S. 14 Punkt 13**

BESTSELLER

Der Soave, früher der einfache Hauswein Veronas, setzte sich in den 1970er-Jahren an die Spitze einer neuen Generation frisch-fruchtiger Weißweine. Zwar hat die Massenproduktion zu einer Verflachung des Geschmacks geführt, doch einige Winzer setzen inzwischen wieder erfolgreich auf Qualität, gestützt auf die Eigenart der einheimischen Rebsorten Garganega und Trebbiano (z. B. Anselmi, Pieropan oder Bolla). Der beste Wein, der zart-fruchtige Soave Classico, wächst auf den Hügeln im nördlichen Umkreis von Soave und Monteforte d'Alpone.

VICENZA 20 ★ G10

Die Provinzhauptstadt Vicenza (113 000 Einw.) ist eine Stadt mit Stil, geprägt durch die eleganten Bauten des großen Renaissancearchitekten Andrea Palladio. Entlang der Straßen reiht sich ein Palast an den anderen, die Geschäfte sind überaus nobel und die Atmosphäre ist von vornehmer Zurückhaltung. Adelsvillen zieren die Hügel der Umgebung. Sogar die Industrie beschäftigt sich mit Edlem. Vicenza ist eines der weltweit größten Zentren der Gold- und Juwelenverarbeitung und Sitz Hunderter Firmen, sodass hier oft internationale Fachmessen stattfinden.

GESCHICHTE

Die Stadt am Fuß der Monti Berici war nie bedeutend, hat aber ihre Lage an der wichtigsten Handelsroute Oberitaliens immer geschickt genutzt. Die Stadtentwicklung kennzeichnet seit der Römerzeit eine verblüffende Kontinuität.

Der Hauptplatz liegt auf dem Forum des römischen Vicetia (49 v. Chr. zum Municipium erhoben). Anfang des 12. Jhs. wurde der alte römische Stadtkern um *cardo* und *decumanus* in vier Viertel aufgeteilt, die als Zentrum jeweils eine Kirche erhielten: Dom, San Lorenzo, Santa Corona und San Michele. Unter den Scaligern wurden die Stadtmauern um die Vorstädte im Osten und Westen erweitert, unter der Herrschaft Venedigs, der sich Vicenza 1404 freiwillig unterstellte, auch im Süden und Norden. Im 15. und 16. Jh. versuchte sich die aristokratische Elite mit repräsentativen Palästen zu übertrumpfen, die noch heute das Straßenbild prägen und deren Krönung die variantenreichen Entwürfe Palladios sind.

AN DER PIAZZA DEI SIGNORI

Die Piazza dei Signori ist der Salon der Stadt. Dort sollte man sich erst einmal einen Logenplatz auf einer der Caféterrassen suchen, um dann die großartige Fassade von Palladios sogenannter **Basilica** Ⓐ genauer zu betrachten. Der Name nimmt Bezug auf die Antike und den Standort des mittelalterlichen Justizpalasts auf dem Platz des einstigen römischen Forums. Die Forumsbasilika war im antiken Rom eine Stätte der Rechtssprechung.

Mit seinem Entwurf, einem Meisterstück architektonischer Verkleidungskunst, gewann der bis dahin unbekannte Architekt 1546 den Wettbewerb zur Restaurierung des Palazzo della Ragione, dessen doppelstöckige Loggien eingestürzt waren. Andrea Palladios Aufgabe war eine zweifache: Ein statisches Stützkorsett für das alte Bauwerk und eine dekorative Schaufassade zur Piazza hin zu schaffen.

In künstlerischer Weise variierte der Architekt das Vorbild des Kolosseums in Rom und ummantelte den gotischen Kern mit zweigeschossigen Pfeilerarkaden, gegliedert durch Halbsäulen. Um die Unregelmäßigkeiten des alten Gebäudes zu kaschieren, fügte er neben den Bögen Rechtecköffnungen ein. Deren Ausmaße wechseln unauffällig, sodass die verschiedenen Achsenbreiten ausgeglichen werden, ohne allerdings die Bogengröße zu verändern. Dadurch erhielt die Fassade eine rhythmische Gliederung durch große und kleine Säulen und schattenreiche Öffnungen verschiedener Form und Größe. Diese Arkadenform fand so häufig Nachahmung, dass sie als Palladio-Motiv in die Architekturgeschichte eingegangen ist.

Neben der Basilica ragt der gotische Stadtturm 82 m in die Höhe, die **Torre di Piazza.** Den Schlussakkord des Platzensembles bilden

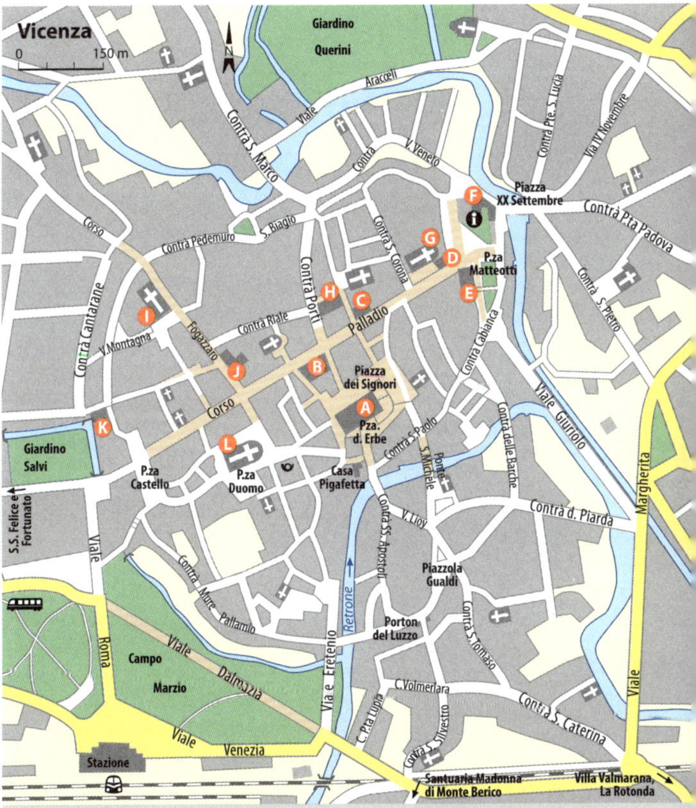

- A Basilica
- B Rathaus
- C Palazzo del Toso-da Schio
- D Casa del Palladio
- E Palazzo Chiericati
- F Teatro Olimpico
- G Santa Corona
- H Palazzo Thiene
- I San Lorenzo
- J Palazzo Valmarana-Braga
- K Loggetta Valmarana
- L Dom Santa Maria Maggiore

zwei **Säulen,** von denen die eine den geflügelten Löwen als Machtsymbol der Seerepublik Venedig, die andere eine Statue von Christus als Erlöser der Welt trägt.

Die zierliche Bogenreihe an der Fassade des um 1500 entstandenen **Palazzo Monte di Pietà** gegenüber der Basilica zeigt, wie nachdrücklich Palladios Architektur neue Akzente setzte. Besonders markant ist der Kontrast zur **Loggia del Capitaniato** daneben, ein Spätwerk Palladios (1570) mit kolossalen Säulen auf hohen Sockeln bis zum Dachgesims. Einst befand sich hier die Residenz des venezianischen Statthalters von Vicenza.

CORSO PALLADIO

Der Corso Palladio, die schnurgerade Hauptachse der Altstadt, liegt über dem *decumanus maximus* der Römerstadt. Hier und in den Nebenstraßen reihen sich elegante Geschäfte, Buchhandlungen, Delikatessenläden und Paläste aneinander. An der Ecke zur Contrà Cavour – die Altstadtstraßen heißen in Vicenza »Contrà«, nicht »Via« – residiert das **Rathaus** B in einem Palast (1592), geschaffen von Vincenzo Scamozzi, Mitarbeiter und Nachfolger Palladios.

Die Fensterarkaden gotischer Paläste erinnern häufig an venezianische Vorbilder, z. B. der schöne **Palazzo del Toso-da Schio** C aus dem Jahr 1477 auf Nr. 147. In der **Casa del Palladio** D, Nr. 163, deren Loggia das »Palladio-Motiv« zeigt, soll der Baumeister selbst damals gewohnt haben.

PALAZZO CHIERICATI E

Die Piazza Matteotti beherrscht der **Palazzo Chiericati** mit einer luftigen Fassade, die sich mit zwei Kolonnadenreihen zum Platz hin öffnet. Wie bei den meisten seiner Bauten verwendet Palladio auch hier Ziegel statt Marmor. Seine Architektur sollte durch gute Form und ausgewogene Proportionen überzeugen. Im Innern zeigt das **Museo Civivo** Werke vicentinischer und venezianischer Maler (Juli/Aug. Di–So 10–18, sonst Di–So 9–17 Uhr).

TEATRO OLIMPICO F 7

Den Holzbau hinter den Mauern des ehemaligen Carrara-Kastells (13. Jh.) entwarf Palladio für die Gesellschaft der Accademia Olympica, ab 1580 führte ihn Vincenzo Scamozzi aus. 1585 wurde er mit einer Aufführung des »Oedipus Rex« von Sophokles eingeweiht und danach nie mehr benutzt. Aber als Rekonstruktion des antiken Theaters aus dem Geist des Humanismus hat das Gebäude die Zeiten überdauert (Juli/Aug. Di–So 10–18, sonst 9–17 Uhr). Im Teatro Olimpico finden jedes Jahr von Mitte Mai bis Mitte Juni die Settimane Musicali mit klassischen Konzerten statt (www.teatrolimpicovicenza.it).

Santa Corona G, die dreischiffige Basilika des weitläufigen Dominikanerklosters, entstand 1260 bis 1270. Der Chorraum wurde 1480 neu gebaut. Ein Hauptwerk des venezianischen Renaissancemeisters Giovanni Bellini schmückt den fünften Seitenaltar links: die Taufe

Der begrünte Vorhof des Teatro Olimpico verspricht mitten in Vicenza etwas Ruhe

Christi (um 1504), ein Stimmungsbild in verklärter Atmosphäre.

In der **Contrà Porti**, der nobelsten Straße der Stadt, reihen sich die Paläste dicht aneinander: darunter zwei von Palladio, **Iseppo da Porto** (Nr. 21) und **Barbaran da Porto** (Nr. 11, Di–So 10–18 Uhr, www.palladiomuseum.org), andere aus der Spätgotik (Nr. 14, 17, 19).

Die Hauptfront des 1542–1546 von Andrea Palladio erbauten **Palazzo Thiene** H, heute repäsentativer Sitz der Banca Popolare, wendet sich der parallel verlaufenden Contrà S. Gaetano da Thiene zu. Die Ausstellung der Alten Meister im Innern des Palastens ist allerdings nur nach Voranmeldung zu besichtigen (Tel. 04 44 33 92 16, www.palazzothiene.it).

Ein Bummel führt über die Contrà Riale zum Corso Fogazzaro. Er öffnet sich zum Platz vor der Franziskanerkirche **San Lorenzo** I, einem frühgotischen Backsteinbau mit schöner Portalplastik aus dem 14. Jh. Auf Nr. 16 des Corso zeigt der **Palazzo Valmarana-Braga** J, erbaut von Palladio und heute als Hotel genutzt, das Motiv hoher, durchlaufender Pilasterbänder, das zu einem typischen Gestaltungsmerkmal des Barock werden sollte (www.palazzovalmaranabraga.it).

Der Corso Palladio führt bis zur Piazza Castello. Davor liegt der Piazzale de Gasperi, überragt von einem Turm der einstigen Scaligerburg, und angrenzend der Giardino Salvi mit Fischteich und palladianischer **Loggetta Valmarana** K.

VOM DOM ZUM RIONE BARCHE

Der **Dom Santa Maria Maggiore** Ⓛ, im 13. Jh. auf älteren Vorgängerbauten errichtet, im 15. Jh. umgebaut (Fassade, Chor) und nach schweren Kriegszerstörungen wieder hergestellt, enthält im Inneren sehenswerte Altargemälde, u. a. ein Polyptychon (1366) von Lorenzo Veneziano (5. Kapelle rechts).

Vom Domplatz geht es weiter über die Contrà Pigafetta zur **Casa Pigafetta,** einem Stadtpalast mit reichem Bauschmuck im Stil der Spätgotik, und zur Piazza delle Erbe, dem Marktplatz an der Rückseite der Basilica.

PALLADIO-VILLEN ÜBER VICENZA

Zwei berühmte Villen am Monte Berico südlich der Stadt kann man zu Fuß (ca. 30 Min.) oder mit dem Auto besuchen: Die idyllisch gelegene, äußerlich eher bescheidene **Villa Valmarana ai Nani** (1669) punktet mit einem bedeutenden Freskenzyklus (1757) von Giovanni Battista Tiepolo im Haupthaus. Der Legende zufolge beschäftigte der Graf ausschließlich Kleinwüchsige als Diener (*nani* = Zwerge), damit sich seine Tochter ihrer Kleinwüchsigkeit nicht bewusst wurde. Als sie jedoch von einem Ritter die Wahrheit erfuhr, stürzte sie sich aus dem Fenster (März–Okt. tgl. 10–18, Nov. bis Febr. 10–16 Uhr, www.villavalmarana.com).

Die Villa Almerico-Capra, kurz **La Rotonda** genannt, ist die berühmteste Villa Palladios und wurde 1566–1567 für den Bischof Paolo Almerico errichtet. Auf einer niedrigen Anhöhe gelegen, wendet der majestätische quadratische Kuppelbau allen vier Himmelsrichtungen eine klassische Tempelfront auf hohem Treppenpodest zu. Goethe fand die Villa trotz seiner Begeisterung für Palladio »wohnbar, aber nicht wöhnlich« (Villa: Mitte März bis Okt. Mi, Sa 10–12, 15–18, Nov. bis Mitte März 10–12, 14.30–17, Garten: Mitte März–Okt. Di–So 10–12, 15–18, Nov.–Mitte März 10–12, 14.30–17 Uhr, www.villalarotonda.it).

Auf dem Rückweg besucht man die spätbarocke Wallfahrtskirche **Basilica di Monte Berico** in dominierender Höhe mit schönem Panoramablick über die Stadt. Im Refektorium des Klosters ist ein Gastmahl Veroneses zu bewundern, die **Cena di S. Gregorio Magno** (1572).

DIE PRÄCHTIGSTEN VILLEN

- Prachtvoll ist die **Villa Barchessa Valmarana** am Brentakanal: Villenkultur mit Rokokofresken. > S. 52
- Die **Villa Badoer** in Fratta Polesine bietet palladianische Eleganz in flacher Deltalandschaft. > S. 54
- Außen Palladio, innen ein Freskenzyklus von Tiepolo: Die idyllisch gelegene **Villa Valmarana ai Nani** entfaltet ihre Pracht im Innern. > S. 110
- **La Rotonda** bei Vicenza ist eine klassische Schönheit. > S. 110

Freskenschmuck in der Villa Valmarana

INFO

IAT

Hier bekommt man auch Infos zu den Palladio-Villen in der Umgebung.

- Piazza Matteotti 12 | 36100 Vicenza
  Tel. 04 44 99 47 70
  www.visitvicenza.org

HOTELS

Agriturismo San Michele €€€

In der Nähe der Villa La Rotonda und im palladianischen Stil minimalistisch und klar eingerichtet, passt der elegante Agriturismo wunderbar zu Vicenza.

- Strada della Pergoletta 118
  Vicenza | Mobiltel. 34 97 36 22 49
  www.agrismichele.it

Due Mori €€

Die 30 Zimmer des freundlichen Mittelklassehotels in der Altstadt sind mit antiken Möbeln und Art-Nouveau-Anklängen eingerichtet.

- Contrà Do Rode 24 | Vicenza
  Tel. 04 44 32 18 86
  www.hotelduemori.com

Bob und Jenny's B&B €

Etwa 10 Gehminuten zur Piazza dei Signori, sehr persönliche Atmosphäre – reichlich Tipps gibt's gratis.

- Borgo Berga 140 | Vicenza
  Tel. 04 44 32 08 84
  www.bed-breakfast-italy.com

RESTAURANTS

Angolo Palladio €€–€€€

Elegant-modernes Restaurant mit Anspruch und herrlichem Freisitz. Große Auswahl an Weinen aus der Region.

- Piazzetta Andrea Palladio 12
  Vicenza | Tel. 04 44 32 77 90
  www.angolopalladio.it

Ponte delle Bele €€

Die rustikale Trattoria serviert deftige Spezialitäten aus dem Trentino (So. geschl.).

- Contrà Ponte delle Bele 5

Vicenza | Tel. 04 44 32 06 47
www.pontedellebele.it

Il Ceppo €–€€
Köstlichkeiten aus der Region, zum Verspeisen an der Theke oder Mitnehmen.
- Corso Palladio 196 | Vicenza
  Tel. 04 44 54 44 14
  www.gastronomiailceppo.com

SHOPPING

Olio & Olive
Gute Beratung und große Auswahl an italienischen Olivenölen, Essigen und Gewürzen. > **mehr S. 15 Punkt 18**
- Via dell'Oreficeria 70P | Vicenza
  www.olioeolive.net
  nur Sa 10–12.30

Pasticceria Soraru
Die traditionsreiche Konditorei zaubert delikate Kuchen und Pralinés.
- Piazzetta Palladio Andrea 17 | Vicenza

LUGO DI VICENZA 21 F8

Zwei Villen auf einer sanften Anhöhe lohnen die Fahrt nach Lugo di Vicenza. Die **Villa Godi-Malinverni** ist die älteste Villa Andrea Palladios, ab 1537 geplant, noch ohne antike Zitate. Maßvolle Schlichtheit und Harmonie der Proportionen zeigen aber bereits die typische Handschrift des Meisters. Der Freskenzyklus mit mythologischen Szenen (1552–1557), geschaffen von G. B. Zelotti u. a., ist die älteste vieler ähnlicher Villendekorationen aus dem 16. Jh. (Mai–Sept. Di 15–19, Sa 9–14, So 10–19, April und Okt./Nov. Di 14–18, Sa 9–14 So 14–18 Uhr, www.villagodi.com).

Die **Villa Piovene Porto Godi** auf dem Nachbarhügel ist vermutlich ebenfalls ein Jugendwerk Palladios, wurde aber im 18. Jh. durch einen Säulenportikus und die große Freitreppe bereichert. Sie kann nur von außen besichtigt werden.

ASOLO 22 8 J7

Die Hügel von Asolo (6650 Einw.) mit ihrem mediterranen Klima, wo aus üppigem Grün dunkle Zypressen ragen, wurden im 19. Jh. von englischen Romantikern wie dem Dichter Robert Browning entdeckt. Eleonora Duse, die große Theater Heroine, lebte hier und ist auf dem Friedhof von Sant'Anna begraben.

Der anmutige Ort war schon in der Renaissance berühmt: Hier unterhielt die Venezianerin Catarina Cornaro (1454–1510), Ex-Königin von Zypern, einen humanistischen Musenhof, in dem sie Künstler und Literaten um sich scharte. Ihre Residenz im Castello della Regina ist nicht erhalten geblieben. Ansonsten jedoch hat Asolo mit seinen verschlungenen Wegen am Hang, den prachtvollen Villen, schönen Palazzi und engen Gassen seinen historischen Charme bewahren können. Zahlreiche ansässige Winzer laden zur Weinverkostung ein.

HOTEL

Hotel Duse €€
Das Mittelklassehotel im Zentrum residiert in einem historischen Stadthaus. Auch das hauseigene Restaurant zu empfehlen.
- Via Browning 190 | 31011 Asolo
  Tel. 042 35 52 41 | www.hotelduse.com

Herzlich willkommen in der Enoteca Alle Ore

RESTAURANTS

La Trave €€

Sehr leckere Regionalküche ohne Firlefanz, aber dennoch auf einem hohen Niveau.

Via Bernardi 15 | Asolo
Tel. 04 23 95 22 92

Tappo Bar €€

Weinbar mit Restaurant, im Sommer auch Tische auf dem Hauptplatz – und immer innovative regionale Küche.

• Via Roma 55 | Asolo
Tel. 04 23 95 22 01
www.tappobar.it

VILLA BARBARO

23 9 J7

Von den 19 Villen, die Andrea Palladio gebaut hat, ist die um 1558 entstandene Villa Barbaro in **Maser** (7,5 km östlich von Asolo) wohl die schönste, auch wegen der prächtigen Innendekoration durch den Renaissancemeister Paolo Veronese. Auftraggeber waren die Brüder Daniele und Marcantonio Barbaro, zwei venezianische Aristokraten.

SHOPPING IN ASOLO

Die zentrale Via Robert Browning mit ihren schattigen Arkaden säumen schöne Modeboutiquen und Geschäfte wie der alteingesessene Juwelier **Damini** (Nr. 180), der Delikatessenladen **Sgarbossa** (Nr. 151) und die einladende **Enoteca Alle Ore** (Nr. 185). Hier findet man eine gute Auswahl an Weinen. Für die richtige Grundlage beim Verkosten sorgen leckere Käsehäppchen sowie Fischgerichte (Tel. 04 23 95 10 22, ab 17 Uhr, Mo geschl.). zudem gibt es zahlreiche Antiquitätengeschäfte. Und jeden 2. Sonntag im Monat (außer Juli/Aug.) findet ein großer **Antiquitätenmarkt** mit Ausstellern aus ganz Italien statt. Gehandelt werden u.a. Möbel, Schmuckstücke, Drucke und Bücher.

Die Villa Barbaro in Maser zählt zu den schönsten Palladio-Villen

Bauherren und Baumeister huldigten denselben, an der Antike orientierten Idealen. Anmutig öffnet sich die Villa am Hügelfuß mit breiter Front auf die Ebene, ein vornehmer Giebelbau mit ionischen Frontsäulen, der seitlich von den niedrigen, arkadengesäumten Wirtschaftsgebäuden, den *barchesse,* gerahmt wird. Die stilvolle Kulisse für heitere

PALLADIO – MEISTER UND VORBILD

Palladio, eigentlich Andrea di Pietro (1508–1580), ließ sich Zeit bis zu seinem ersten Auftritt als Architekt. 36 Jahre war der Steinmetz bereits alt, als er die Basilica von Vicenza errichtete. Niemand vermaß so genau wie Palladio die Ruinen in Rom und studierte so intensiv die Schriften des römischen Architekten Vitruv, um den damals unbekannten Gesetzen der antiken Baukunst auf die Spur zu kommen.

Palladios Stil ist nicht leicht zu bewerten. Er war kein kalter, pedantischer Klassizist, sondern ständig auf der Suche nach ewigen Normen für Schönheit und Harmonie, die man nach seiner Überzeugung nur gewinnen konnte »aus der Übereinstimmung des Ganzen mit den Teilen, sodass ein Gebäude als ein Körper mit vollkommenen Proportionen erscheint, in dem jedes Glied vom Standpunkt des ganzen Körpers notwendig ist«.

Palladio verdankte seine Wirkung weniger den ausgeführten Bauten als der in den »Quattro Libri dell'Architettura« veröffentlichten Architekturlehre. Durch sie wurde der klassizistische »Palladianismus« weltweit verbreitet, von England bis zum Mississippi, von Finnland bis Neuseeland.

Feste bilden Veroneses Fresken mit illusionistischen Effekten und gemalter Säulenarchitektur in perfekter Harmonie mit Palladios Baukunst (April–Okt. Di–Sa 10–18, So 11–18, sonst Sa/So 11–17 Uhr, www.villadimaser.it).

VILLA EMO 24 J9

Über die SS 307 und eine Nebenstrecke (ab Caselle) gelangt man Richtung Süden nach **Fanzolo** (17 km) zur um 1564 von Palladio erbauten Villa Emo, die sich nach wie vor im Familienbesitz befindet. Die Grafen Emo widmeten sich im 16. Jh. intensiv der Landwirtschaft und führten den Maisanbau im Veneto ein, Basis für die künftige Volksspeise der Region: die Polenta. Daran erinnern die Maisbündel auf den Festons der Fresken (1565) des Veronese-Mitarbeiters G. B. Zelotti, auf denen die Familie in mythologischen Kostümen gefeiert wird. Der rampenartige Aufgang zum Hauptportal erfüllte als Dreschplatz auch einen praktischen Zweck (Mai–Okt. tgl. 10–18, Nov.–April 10–17.30 Uhr, www.villaemo.org).

BASSANO DEL GRAPPA

25 H8

Das Wahrzeichen der kleinen Stadt Bassano (40 000 Einw.) ist die gedeckte Holzbrücke über die hier breite Brenta. Von ihrer Mitte eröffnen sich wunderbare Ausblicke auf den Fluss, die Altstadt sowie die Bergkulisse.

Von Palladio geplant, wurde der **Ponte Vecchio** nach mehrfacher Zerstörung durch Hochwasser und Krieg immer wieder aufgebaut, zuletzt 1948, nachdem deutsche Truppen ihn beim Rückzug 1945 gesprengt hatten. Zusammen mit dem Monte Grappa ist die Brücke ein patriotisches Wallfahrtsziel; zu Ehren des italienischen Alpenkorps, das Bassano 1914–18 am Monte Grappa verteidigte, wird sie auch Ponte degli Alpini genannt. Ein Volkslied besingt die Bedeutung für Liebespaare: »Sul Ponte di Bassano, là ci darem la mano ed un bacin d'amore« (»Auf der Brücke von Bassano werden wir uns die Hand und einen Kuss der Liebe geben«), heißt es. Und bis heute ist die Brücke ein Treffpunkt von Verliebten.

Zwischen Brücke und zentraler **Piazza della Libertà** findet man in den Straßen der Alstadt malerische Fassaden und verlockende Schaufenster. Delikatessen verkauft u. a. die **Bottega del Porcino** (Via Menarola 21). › mehr S. 17 Punkt 34

Die Piazza dominieren die Kirche San Giovanni Battista (18. Jh., in palladianischer Tradition) und die **Loggia del Comune**, Ecke Via Matteotti, ein graziler Bau des 15. Jhs. mit einer Uhr aus dem 16. Jh. und den Wappen der venezianischen Statthalter *(Podestà)*.

An der Piazza Garibaldi steht die schlichte Franziskanerkirche San Franceso (1287–1331). Im ehemaligen Kloster zeigt die **Pinakothek** des Museo Civico u. a. 17 Werke von Mitgliedern der Künstlerfamilie dal Ponte aus Bassano, die eine eigen-

Karte S. 90

willige manieristische Variante der venezianischen Malerei repräsentieren. Die größte Bedeutung erlangte Jacopo dal Ponte, genannt Jacopo Bassano (Mi–Mo 10 bis 19 Uhr, www.museibassano.it).

INFO

IAT

- Piazza Garibaldi 34
  36061 Bassano del Grappa
  Tel. 04 24 51 91 11
  www.bassanodelgrappa.gov.it

HOTEL

Villa Ca' Sette €€€

In der mit zeitgenössischem Design igestalteten Villa aus dem 17. Jh. herrscht eine exklusive und familiäre Atmosphäre.

- Via Cunizza da Romano 54
  Bassano del Grappa
  Tel. 04 24 38 33 50 | www.ca-sette.it

RESTAURANT

Nuovo Borgo €€

Feine, bodenständige Küche im typischen Ambiente einer Dorfkneipe.

- Via Margnan 7 | Bassano del Grappa
  Tel. 04 24 52 21 55
  www.facebook.com/NuovoBorgoEnoTrattoria

SHOPPING

Grapperia Nardini

Seit 1779 feinste Brände im Ausschank.

- Ponte Vecchio 2 | Bassano del Grappa
  www.nardini.it

Distilleria Poli

Grapperia mit kleinem, interessanten Grappa-Museum.

- Via Gamba 6 (Ponte Vecchio)
  Bassano del Grappa
  www.poligrappa.com
  Tgl. 9–19.30 Uhr

CITTADELLA 26 H10

Mit einem vollständig erhaltenen elliptischen **Mauerring** (13. Jh.) von 1461 m Länge, mit 28 Türmen, vier Toren, Wehrgang und Wassergraben, ist der Ort ein einzigartiges Relikt mittelalterlichen Festungsbaus. Ein Spaziergang auf der Stadtmauer zeigt Ort und Landschaft aus wechselnden Perspektiven. Die Torre di Malta an der Porta Padova im Süden ließ 1251 der schreckliche Ezzelino da Romano als Kerker errichten, in dem als politische Gefangene eine Reihe von Paduaner Adeligen zu Tode gefoltert wurden.

TRESTER FÜR KENNER

Die (nicht der) Grappa (*grappe* sind die Stiele des *grappolo*, der Traube) wird aus flüssigem Trester und Gärrückständen gewonnen. Früher ein Alltagsschnaps, der in den Privathäusern gebrannt wurde, ist sie heute zu einem Produkt für anspruchsvolle Liebhaber avanciert. Grappe aus erlesenen Trauben und abgefüllt in edle Fläschchen erzielen Spitzenpreise und sind auch als Sammelobjekte begehrt. Die berühmtesten Grappa-Hersteller sind Nonino im Friaul (www.grappanonino.it), der eine besonders exquisite Palette anbietet, und Nardini in Bassano del Grappa › S. 116 mit der längsten Tradition.

TRIEST, FRIAUL & DIE SÜDÖSTLICHEN DOLOMITEN

Friauls Topweine gedeihen im Collio an der Grenze zu Slowenien

Habsburgische Vergangenheit und multikulturelle Gegenwart in Triest, malerische Felsbuchten bei Duino, langobardische Kunst in Udine, kulinarische Entdeckungen in San Daniele, Bergeinsamkeit in den Belluneser Dolomiten.

Landschaftliche Kontraste kennzeichnen die friulische Urlaubsregion, die viele kulturelle Sehenswürdigkeiten und Freizeitaktivitäten bietet. Feine Sandstrände ziehen sich entlang der Lagunen, im Golf von Triest liegen malerische Felsbuchten mit herrlichen Bademöglichkeiten. Frühchristliche Architektur, venezianisches Erbe und Habsburger Flair prägen Städte wie Cividale del Friuli, Udine und Triest. Das Hinterland leitet von den Küstenebenen zu den Voralpen über. Neben kulturellen Highlights wie Udine oder Cividale warten kulinarische Genüsse. Die Dolomiten und Karnischen Alpen, die sich Friaul und das Veneto teilen, prägen reizvolle Städtchen und majestätische Bergzinnen, die teils zum UNESCO-Weltnaturerbe gehören.

TOUREN IN DER REGION

TOUR 8

GENUSSTOUR DURCHS COLLIO

ROUTE: Gorizia › San Floriano del Collio › Cormons › Brazzano › Ruttars › Dolegna del Collio › Cividale del Friuli

KARTE: Seite 122
LÄNGE: 40 km; 1/2 Tag
PRAKTISCHE HINWEISE:

- Am besten unternehmen Sie die Tour mit dem eigenen Fahrzeug oder mit einer Vespa.
- Gäste von Winzern und Agriturismi der Tourismusinitiative »Il Collio in Vespa« können gratis Vespas leihen und damit das Collio erkunden (www.turismofvg.it).
- Eine reizvolle Variante führt von San Floriano durch den slowenischen Teil des Collio (Brda) nach Cormons (Personalausweis!).

TOUR-START:

Von **Gorizia** 5 › S. 134 führt die Tour Richtung slowenischer Grenze hügelaufwärts nach San Floriano del Collio, das sich um ein Schloss aus dem 16. Jh. gruppiert. Darin residiert der Weinkeller der Grafen Formentini (Tel. 04 81 88 42 74, www.castelloformentini.com), die ihren Tocai Friulano seit dem EU-Beitritt Ungarns nur noch Friulano nennen dürfen. Wenn Sie den landschaftlich reizvollen Abstecher über die slowenische Brda > S. 135 machen wollen, wo Hügel und Weingärten noch steiler sind, fahren Sie hier nach Dobrovo über eine kurvenreiche Straße 10 km bergauf und bergab, vorbei an Reben, Winzerhöfen und kleinen Orten. Hinter dem Renaissanceschloss Dobrovo passieren Sie bei **Medana** 7 > S. 136 wieder die Grenze zu Italien.

Auf der Hauptroute von San Floriano den Hügel hinunter und wieder hinauf in Richtung Ceglo/Zegla erreichen Sie ein weiteres Weingut, dessen Tocai mehrfach Preise gewann. Hier keltert Edi Keber aus der Tocai-Traube sein preisverdächtiges Cuvée »Collio« (www.edikeber.it). > mehr S. 13 Punkt 11 Auf der Weiterfahrt nach Cormons geht es durch den Weiler La Subida mit dem gleichnamigen Agriturismo > S. 136, auf dem Joško Sirk seiner Leidenschaft für die Essigherstellung nachgeht. Er stellt die Würze direkt aus Trauben her, nicht aus Most oder Wein. Das Ergebnis: ein höchst aromatischer, kostbarer Essig.

Cormons 8 > S. 136 präsentiert sich als hübsche Kleinstadt mit zwei kulinarischen Spezialitäten: Prosciutto und Dolci. Im Nachbarort, Brazzano, können Sie eine Mittagspause einlegen: Das Restaurant der Locanda Orologio (€€, Via XXIV Maggio 34, www.locandaorologio.it, Tel. 048 16 00 28, Mo geschl.) ist berühmt für die friulische Küche. Rinderbäckchen in Refosco-Wein stellen eine gute Grundlage für die anschließende Verkostung der Weine von Livio Felluga (www.liviofelluga.it) dar. Über Ruttars und Dolegna del Collio geht es, vorbei am Castello di Trussio (mit Luxusrestaurant), gen Norden. Die Burganlage geht auf die Römerzeit zurück und diente Langobarden wie Aquileia als Grenzfestung. Schließlich ist **Cividale del Friuli** 9 > S. 137, die faszinierende Langobardenstadt, erreicht.

TOUR 9

DURCHS TRIESTINER HINTERLAND

ROUTE: Triest > Muggia > Val Rosandra > Basovizza > Opicina > Grotta Gigante > Rupingrande > Sgonico > Santa Croce > Duino > Timavo-Quelle > Miramare > Barcola > Triest

KARTE: Seite 122
DAUER: 90 km; 1 Tag
PRAKTISCHE HINWEISE:

- Für diese Tour brauchen Sie unbedingt ein Auto. Eine detaillierte Karte mit möglichst großem Maßstab ist von Vorteil.
- Welche Osmize (Buschenschänken) gerade geöffnet haben, erfährt man in der Triestiner Tourismusinfo – oder Sie folgen den Hinweisschildern: einem roten Pfeil mit Blätterbüschel.

TOUR-START:

Bevor Sie sich aufmachen, von **Triest** 1 › S. 127 aus die Dörfer entlang des Karstabbruchs zu erkunden, lohnt noch ein Abstecher ins venezianisch geprägte **Muggia** 2 › S. 133. Dann folgen Sie den Hinweisen nach Dolina/Bagnoli della Rosandra bis zum Straßenende an der Berghütte Rifugio M. Premuda. Von hier führen kurze und längere Wanderwege ins idyllische Val Rosandra, z.B. 30 Min.-Wanderung vorbei an Wasserfällen bis Bottazzo. In Bagnoli befindet sich mit Straec ein Olivenölproduzent der Extraklasse (Bagnoli della Rosandra 623, www.starec.it).

Dcr Name des Ortes **Basovizza** ist mit Gräueltaten im Zweiten Weltkriegs verbunden. In der Foiba, einem nahe gelegenen über 300 m tiefen Karststeinbruch, wurden 1945 Leichen von Menschen entdeckt, die jugoslawische Partisanen offenbar nach der Befreiung von Triest als Kollaborateure exekutiert hatten. Ein Mahnmal erinnert an die mehreren Zehntausend Opfer.

Opicina ist durch eine Tram- bzw. Standseilbahn mit Triest verbunden, die aber seit 2018 durch eine Buslinie ersetzt wird. Die Städter pilgern oben scharenweise zur Pasticceria Saint Honoré, wo es köstliche hausgemachte Schokolade und Kuchen gibt (Via di Prosecco 2, www.sainthonoretrieste.it, Mo geschl.). An heißen Tagen verspricht die Grotta Gigante › S. 38 Abkühlung im unterirdischen Tropfsteinreich. Wenigc Kilometer weiter kann man in Repen/Rupingrande ein typisches Karsthaus besichtigen (Kraška hiša, April–Okt. So, Fei 11 bis 12.30, 15–17 Uhr, www.kraskahisa.com) und im Restaurant Krizdie gute Karstküche genießen (€€, Repen 76, Tel. 040 32 71 15, www.hotelkrizman.eu).

Steinmetzkunst am Dom in Muggia

In Sgonico ist die artenreiche Karstflora im Giardino Botanico Carsiana zu bewundern (April bis Okt. Di–Fr 10–13, Sa/So 10–13, 15–19 Uhr, www.giardinobotanicocarsiana.it). Das hübsche Dorf Santa Croce ist das letzte Etappenziel auf dem Karst. Traditionell lebten hier die Thunfischfänger, die von ihrem Dorf in exponierter Lage den Golf von Triest – und die Fischschwärme – bestens im Blick hatten. › mehr S. 17 Punkt 30 Nach einem Stopp geht es hinunter an die Küste.

Hinter **Duino** 4 › S. 133 entspringt der in der Antike als mythisch verehrte Fluss Timavo aus einer Karstquelle, um nur wenige Kilometer weiter ins Meer zu münden. In der Apsis der gotischen Kirche San Giovanni an der Quelle wurden Fundamente eines Vorgängerbaus und Mosaiken aus dem 5. Jh. freigelegt.

Vom Schloss in Duino besteht die Möglichkeit, auf dem Sentiero Rilke entlang der Steilküste bis zur Bucht von Sistiana zu wandern (einfacher Weg etwa 30 Min.).

Alternativ geht es mit dem Auto ein Stück landeinwärts bis zum **Schloss Miramare** 3 › S. 133, das ein vom WWF verwaltetes Meeresschutzgebiet überragt. Das Besucherzentrum organisiert geführte Tauchgänge und Schnorchelexkursionen (www.riservamarinamiramare.it).

Im nahe gelegenen Barcola badet nicht nur die Triestiner Jugend. Statt am Strand liegt man auf Fels- und Betonplattformen. Tun Sie es den Leuten gleich, denn das Wasser ist hier herrlich klar und erfrischend!

TOUR 10

AM TAGLIAMENTO NACH KARNIEN

ROUTE: Udine › Villa Manin › Casarsa della Delizia › Valvasone › Provesano › Spilimbergo › San Daniele del Friuli › Castello di Colloredo di Monte Albano › Gemona del Friuli › Venzone › Tolmezzo

KARTE: Seite 122
DAUER: 136 km; 1 Tag
PRAKTISCHE HINWEISE:

- Am flexibelsten ist man auf dieser Tour mit dem Pkw; Abstecher wie zur Villa Manin sind mit den Bussen der Udineser Busgesellschaft SAF (www.saf.ud.it) nur schwer oder gar nicht zu organisieren.
- Die Villa Manin ist montags geschlossen.

TOUR-START:

Die Tour erkundet das nördliche Friaul mit seinen kulturellen und kulinarischen Highlights. Von **Udine** 10 › S. 138 geht es in südwestlicher Richtung bis zur Abzweigung nach Passariano mit dem schlossartigen Komplex der **Villa Manin** 11 › S. 140. Dann überquert man den Tagliamento und erreicht Casarsa della Delizia, wo Pier Paolo Pasolini als Lehrer arbeitete. Auf dem Friedhof ist er neben seiner Mutter begraben.

Das nördlich liegende Valvasone besitzt einen historischen Ortskern

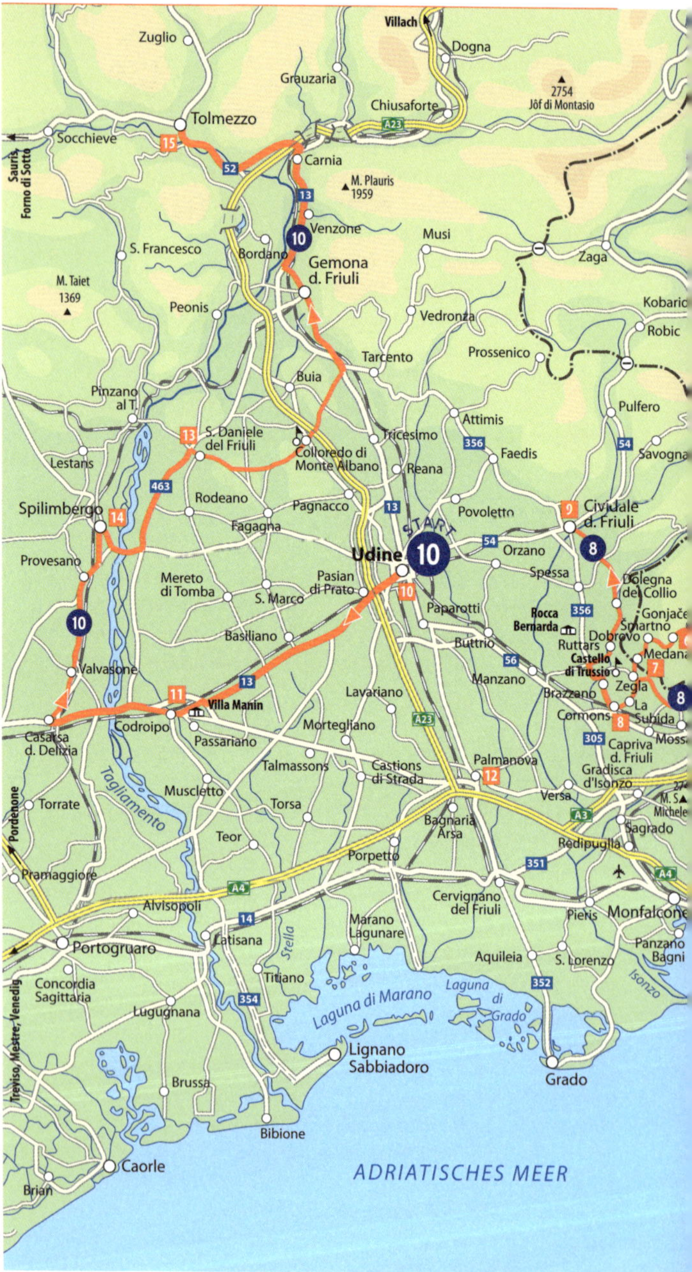
Villach
Zuglio
Dogna
Grauzaria
2754
Jôf di Montasio
Chiusaforte
A23
Tolmezzo
Socchieve
Sauris, Forno di Sotto
15
52
Carnia
M. Plauris
1959
13
Venzone
10
Musi
S. Francesco
Bordano
Gemona d. Friuli
Zaga
M. Taiet
1369
Kobarid
Peonis
Vedronza
Robic
Tarcento
Prossenico
Buia
Pinzano al T.
Pulfero
Attimis
13
S. Daniele del Friuli
Tricesimo
356
Colloredo di Monte Albano
54
Savogna
Lestans
Faedis
Reana
463
Rodeano
Spilimbergo
14
Pagnacco
13
9
Cividale d. Friuli
Povoletto
Fagagna
START
54
Udine
10
Orzano
8
Provesano
Spessa
Mereto di Tomba
Pasian di Prato
10
Dolegna del Collio
S. Marco
Paparotti
Rocca Bernarda
356
Gonjače
Šmartno
10
Basiliano
Buttrio
Dobrovo
Ruttars
Medana
Castello di Trussio
56
7
Valvasone
Manzano
Zegla
13
Brazzano
11
Lavariano
8
Villa Manin
La Subida
Cormons
8
Codroipo
A23
Casarsa d. Delizia
Passariano
Mortegliano
305
Mossa
Capriva d. Friuli
Talmassons
Castions di Strada
Palmanova
12
Gradisca d'Isonzo
Muscletto
Tagliamento
Versa
Torrate
Pordenone
Torsa
M. S. Michele
A3
Bagnaria Arsa
Sagrado
Teor
Redipuglia
Porpetto
351
Pramaggiore
A4
A4
Cervignano del Friuli
Alvisopoli
Pieris
Monfalcone
14
Marano Lagunare
Portogruaro
Latisana
Stella
Panzano Bagni
Aquileia
S. Lorenzo
Titiano
Laguna di Grado
Concordia Sagittaria
352
Isonzo
354
Laguna di Marano
Lugugnana
Treviso, Mestre, Venedig
Lignano Sabbiadoro
Grado
Brussa
Bibione
Caorle
ADRIATISCHES MEER
Brian

sowie in der Kirche eine Renaissanceorgel, deren Flügel Pordenone bemalt hat. In Provesano sind die Fresken (1496) von Gianfrancesco di Tolmezzo im Chor der Kirche sehenswert. **Spilimbergo** 14 › S. 142 liegt hübsch auf einer Terrasse über dem breiten Flusstal. Die Osteria Da Afro serviert friulische Küche.

Zurück am Ostufer des Tagliamento, machen die Häuser der Altstadt von **San Daniele del Friuli** 13 › S. 141 einen recht neuen Eindruck. Sie wurden nach dem Erdbeben von 1976 rekonstruiert. Auf der Weiterfahrt nach Gemona kommt man am Castello di Colloredo di Monte Albano vorbei. Die mit Fresken von

TOUREN IM FRIAUL

TOUR 8

GENUSSTOUR DURCHS COLLIO

Gorizia › San Floriano del Collio › Cormons › Brazzano › Ruttars › Dolegna del Collio › Cividale del Friuli

TOUR 9

DURCHS TRIESTINER HINTERLAND

Triest › Muggia › Val Rosandra › Basovizza › Opicina › Grotta Gigante › Rupingrande › Sgonico › Santa Croce › Duino › Timavo-Quelle › Duino › Miramare › Barcola › Triest

TOUR 10

AM TAGLIAMENTO NACH KARNIEN

Udine › Villa Manin › Casarsa della Delizia › Valvasone › Provesano › Spilimbergo › San Daniele del Friuli › Castello di Colloredo di Monte Albano › Gemona del Friuli › Venzone › Tolmezzo

Karte S. 122

Giovanni da Udine (16. Jh.) hübsch ausgestaltete Wohnburg kann wegen starker Erdbebenschäden zzt. nur von außen besichtigt werden. Da tröstet ein Essen im Sternerestaurant Ristorante La Taverna (€€€, Orangerie, Piazza Castello 2, Tel. 04 32 88 90 45, www.ristorantelataverna.it, So abend und Mi geschl.).

Sowohl Gemona del Friuli (11 000 Einw.) am Hang über dem Tagliamento als auch das 8 km entfernte Venzone im Tal lagen dem Epizentrum des Bebens 1976 am nächsten und wurden fast völlig zerstört, aber schön wiederaufgebaut. Gemona war immer der bedeutendere Ort. Davon zeugt der mächtige, romanisch-gotische Dom (1290–1337), dessen Fassade eine Statuengalerie mit der thronenden Madonna und den Heiligen Drei Königen ziert. › mehr S. 15 Punkt 25 Interessant sind die 7 m hohe Monumentalfigur des hl. Christophorus, die Krypta und zwei unterirdische Kapellenräume mit gotischem Kreuzigungsfresko (14. Jh.).

Auch beinah die ganze Altstadt von Venzone (2500 Einw.) wurde beim Erdbeben 1976 zerstört. Doch den alten Ortskern um die zentrale Piazza rekonstruierte man sorgfältig. Der Dom wurde aus Originalmaterial neu aufgebaut. In der beliebten Locanda al Municipio (€€, Via Glizoio di Mels 2, Tel. 04 32 98 58 01, www.locandaalmunicipio.com) können Sie Risotto mit frischen Wiesenkräutern probieren. Endpunkt der Tour ist **Tolmezzo** 15 › S. 142 im Herzen der karnischen Alpen.

TOUR 11

VON TREVISO ZUM DOLOMITENRAND

ROUTE: Treviso › Conegliano › Valdobbiadene › Feltre › Belluno › Nationalpark Dolomiti Bellunesi › La Stanga › Belluno

KARTE: Seite 125

DAUER: 195 km; 1–2 Tage

PRAKTISCHE HINWEISE:

- Mit öffentlichen Verkehrsmitteln können Sie nur der Hauptroute folgen. Für Abstecher und eine Fahrt in die Dolomiten benötigen Sie ein Fahrzeug.
- Empfehlenswert ist ein Übernachtungsstopp, z. B. in Belluno.

TOUR-START:

Treviso 16 › S. 143, die kleinste Provinzhauptstadt des Veneto, ist Ausgangspunkt für eine Tour in die Prosecco-Hügel. Richtung Norden ist bald **Conegliano** 17 › S. 145 erreicht. Von dort führt die Strada del Prosecco auf einer Länge von 42 km zu hübschen Dörfern und Weingütern (www.coneglianovaldobbiadene.it): Am Weg liegen einladende Osterie, darunter die Locanda da Condo in Farra di Soligo (€€, Tel. 04 38 89 81 06, www.locandadacondo.it, Mi geschl.) und die Osteria Al Caminetto in Follina mit einer beachtlichen Weinauswahl (€€, Tel. 04 38 97 04 02, www.alcaminettofol

lina.it, Do geschl.). In Follina lohnt ein Blick in die romanische Abtei.

Die Region des edleren Bruders des Prosecco, des Cartizze > S. 144, liegt bei Santo Stefano und San Pietro di Barbozza. In Santo Stefano lassen sich der beste Prosecco und Cartizze bei den beiden Produzenten Desiderio Bisol (www.bisol.it) und Ca' Salina (www.casalinaprosecco.it) verkosten und kaufen. Zentrum der Anbauregion ist Valdobbiadene (11 000 Einw.).

Von den lieblichen Weinhügeln zu den schroffen Felszacken der **Dolomiten** 22 > S. 148 führt die Tour über **Feltre** 18 > S. 145 und **Belluno** 21 > S. 147. Nach der Besichtigung beider Städte empfiehlt sich ein Abstecher (ca. 100 km) in die Hochgebirgslandschaft zu Füßen von Marmolada (3342 m), Civetta und Pelmo (3168 m), die zusammen mit Teilen der friulischen und Südtiroler Dolomiten UNESCO-Weltnaturerbe sind. Die SR203 führt durch den Nationalpark Dolomiti Bellunesi > S. 148 und das Agordino. Im Örtchen La Stanga lädt das rustikale Ristorante Alla Stanga (€€, Via La Stanga 24, Tel. 04 37 87 611, www.ristoranteallastanga.it) zu einer Rast. Wenn Sie Agordo und Alleghe passiert haben, befinden Sie sich in Laste di Sopra (1400 m) im Herzen der Region, flankiert vom Monte Pelmo im Osten und von der majestätischen Marmolada im Westen. Über den Colle Santa Lucia und Selva di Cadore geht es durch das Zoldotal kurvenreich zurück nach Süden, bis man über Longarone schließlich wieder Belluno erreicht.

TOUR IN DIE DOLOMITEN

TOUR 11

VON TREVISO ZUM DOLOMITENRAND

Treviso > Conegliano > Valdobbiadene > Feltre > Belluno > Nationalpark Dolomiti Bellunesi > Vittorio Veneto > La Stanga > Belluno

TOUR 12

TRIEST FÜR KRIMILESER

ROUTE: Piazza Oberdan > Via San Lazzaro > Piazza San Giovanni > Via San Nicolo > Via del Teatro Romano > Piazza dell´Unità > Via Diaz > Citta Vecchia > Pescheria

KARTE: Seite 128
DAUER: 2,5 km; 2–3 Std.
PRAKTISCHER HINWEIS:

- Für das Abendessen im »Scabar« sollten Sie auf jeden Fall reservieren.

TOUR-START:

Triest ist Schauplatz der Kriminalromane von Veit Heinichen, in deren Zentrum Commissario Proteo Laurenti steht. Die Fälle des sympathischen Kommissars spiegeln treffend Geschichte und Realität der Vielvölkerstadt Triest und ihres Umlands wider. Bei der Lektüre der Krimis wie auch bei diesem Rundgang auf den Spuren Laurentis lernen wir zweierlei: dass Triest ausgesprochen vielschichtig und Laurenti ein Genussmensch ist.

Von der Piazza Oberdan würde Commissario Laurenti – Arbeit hin oder her – flugs einen Abstecher nach Opicina > S. 120 an der Karstkante unternehmen, um in der Pasticceria Saint Honoré süße Köstlichkeiten für seine Lieben zu besorgen. Wir aber heben uns diesen Ausflug für ein anderes Mal auf und folgen der Via Carducci zur Via San Lazzaro, wo in der Trattoria Da Giovanni (Nr. 14, Tel. 040 63 93 96, www.trattoriadagiovanni.com, So geschl.), einer der Lieblingskneipen des Commissario, die erste Rast ansteht.

Vorbei an der neoklassizistischen **Chiesa di S. Antonio Nuovo** G > S. 129 und San Spiridone > S. 129, dem serbisch-orthodoxen Gotteshaus, das in fast jedem Laurenti-Krimi eine Rolle spielt, erreicht man die Via San Nicolo. Nun ist ein Abstecher in die Literatur angesagt: Nostalgie pur vermittelt die altehrwürdige Libreria Umberto Saba (Via San Nicolo 30, www.libreriasaba.it, Mo geschl.), die der vom Commissario verehrte Triestiner Lyriker Umberto Saba (1883–1957) 1919 übernahm und mit Unterbrechung bis 1957 führte. Sabas Bronzeskulptur eine Ecke weiter erinnert an den großen Sohn der Stadt. Was es mit dessen Pfeife auf sich hat, steht in Heinichens »Totentanz« .

Die faschistische Protzarchitektur der Questura jenseits des Corso Italia und gegenüber vom **Teatro Romano** F > S. 128 ist unübersehbar. Der Commissario hätte sich bestimmt einen schöneren Arbeitsplatz gewünscht – aber immerhin blickt er von seinem Büro aufs römische Theater, und die Antiquitätenläden des ehemaligen Gettos sind gleich um die Ecke (Via Rettori, Via delle Beccherie). Laurenti liebt es, hier herumzustöbern.

Das Grand Hotel Duchi d'Aosta an der **Piazza dell'Unita** A > S. 131 ist Triests erste Adresse und somit das Quartier, in dem Laurenti prominente Besucher unterbringt.

Noch vor wenigen Jahren war die Città Vecchia eine von Verfall und Armut gezeichnete Ecke Triests. Nun ist sie als Fußgängerzone mit Boutiquen und Restaurants belebt. Proteo Laurenti speist mittags am liebsten in der Antica Ghiacceretta, die er wegen ihrer kreativ verfeinerten Karstküche schätzt (€€, Via delli Fornelli 2, Tel. 04 03 22 03 07, www.anticaghiacceretta.com).

Die Verlegung der Pescheria, des lebhaften Fischmarkts vom Molo Pescheria in den neuen Hafen, hat der Commissario stets bedauert, doch hoffentlich tröstet ihn der schicke Ausstellungsraum Salone degli Incanti, in dem wechselnde Themenausstellungen stattfinden. Ein Besuch im kulinarischen Himmel von Laurentis Lieblingsrestaurant Scabar › S. 132 sollte auf jeden Fall den Abschluss einer Laurenti-Tour durch Triest bilden – vielleicht begegnen Sie dem Schöpfer des Commissario dort persönlich!

VERKEHRSMITTEL

Die italienische **Bahn** (www.trenitalia.com) und **Busse** der SAF (www.saf.ud.it) verbinden die größeren Orte miteinander. Ein eigenes Fahrzeug ist für Abstecher wie eine Tour entlang der Prosecco-Weinstraße oder durch den Triestiner Karst hilfreich.

UNTERWEGS IN DER REGION

TRIEST 1 T8

Von der imposanten Wasserfront am azurblauen Golf steigt die Stadt (205 000 Einw.) steil auf zu den weißen Felsen der Karstberge. Aufgrund seiner geografischen Lage seit Jahrhunderten Schmelztiegel verschiedener Völker und Kulturen, liegt Triests besonderer Reiz aber vor allem in der faszinierenden multikulturellen Atmosphäre.

Tergeste, der alte Name der Stadt, stammt aus vorrömischer Zeit. Unter Kaiser Augustus wuchs der Ort den Hang hinunter zum Hafen. Nach wechselnder Herrschaft von Byzantinern, Goten, Langobarden, Franken und einer kurzen Epoche als freie Stadt unterstellte sich Triest 1382 den Habsburgern, um Venedigs Machtanspruch zu entgehen.

Der kometengleiche Aufstieg begann 1719 mit der Ernennung zum Freihafen der Donaumonarchie. Unternehmungslustige strömten in die Stadt, die sich zu einem typischen Ort des Vielvölkerstaats wurde und im 19. Jh. ihre größte Blütezeit als Handelszentrum erlebte.

Durch die Vereinigung mit Italien 1918 rückte die Stadt an den Rand, vor allem als Triest infolge des Zweiten Weltkriegs mit Istrien sein Hinterland verlor. Nach dem Zerfall Jugoslawiens und dem EU-Beitritt Sloweniens 2004 öffneten sich für Triest die Grenzen zum Nachbarn. Seither erlebten Hafen und Wirtschaft einen Aufschwung.

PIAZZA DELL'UNITÀ

A 10 c2/3

Die zum Meer hin offene Piazza säumen das prunkvolle Rathaus, der **Palazzo Comunale** (1875), die **Casa Stratti** an der Nordseite mit dem legendären, 1839 eröffneten **Caffè degli Specchi,** der schön mit Mosaiken geschmückte **Palazzo del Governo** an der Hafenseite (1905) und der 1880–1883 errichtete Palazzo des **Lloyd Triestino,** ein Gebäude des Wiener Ringstraßenarchitekten Heinrich Ferstel. Auf dem **Molo Audace** vor der Piazza gehen die Triestiner gern spazieren. Eine Windrose im Boden benennt die hier vorherrschenden Winde.

COLLE SAN GIUSTO d3

Ein Treppensteig führt von der Via del Teatro Romano zur barocken Kirche **Santa Maria Maggiore** B und zur kleinen mittelalterlichen Backsteinkirche **San Silvestro** hinauf, seit Ende des 18. Jhs. Sitz der Waldensergemeinde. Nahebei versteckt sich der römische Torbogen Arco di Riccardo (1. Jh.) im Gewirr der Altstadtgassen Auf der Kuppe des **Colle di San Giusto** steht als ältestes erhaltenes Denkmal der Stadtgeschichte die Ruine der römischen Forumsbasilika.

Die **Kathedrale San Giusto** C ist ein hochinteressantes Konglomerat von Bauelementen verschiedener Epochen. Römische Versatzstücke und eine byzantinische Madonna schmücken den Campanile, und römische Grabsteine rahmen das Portal der Westfassade mit dem schönen gotischen Radfenster. Der asymmetrische fünfschiffige Raum entstand im 14. Jh. durch die Verbindung der romanischen Basiliken Santa Maria Assunta und San Giusto zu einem Gebäude. Beachtenswert: die Kapitelle aus dem 11. Jh. und das Mosaik mit dem byzantinischen Madonnenbild in der linken Seitenapsis (um 1200).

Die Via della Cattedrale führt zum **Museo di Storia ed Arte** D mit dem Lapidarium *(Orto lapidario),* das Grabinschriften und Architekturfragmente aus den Gebieten um Triest, Aquileia und Istrien ausstellt (Di–So 10–17 Uhr, www.museostoriaeartetrieste.it).

Den Hügel krönt das wuchtige, im 14. Jh. von den Venezianern erbaute **Kastell** E. Herrlich ist der weite Panoramablick von den Festungsmauern über die Stadt (Di–So 10–17 Uhr, www.castellodisangiustotrieste.it).

Über den Parco della Rimembranza gelangt man hügelabwärts zum **Teatro Romano** F c3 Das mit seinem Halbrund in den Hang eingebettete antike Theater (um 100 n. Chr.) bot 6000 Zuschauern Platz und Blick auf die Bühne bis hinaus auf das Meer. Das Terrain von hier bis zum Hafen wurde erst später aufgeschüttet.

BORGO TERESIANO c3

Das neue Stadtviertel des Handels und der Schifffahrt entstand auf Anordnung Kaiserin Maria Theresias im 19. Jh. über trockengelegten Salinen. Dabei wurden die Straßen um die zentrale Achse des kurzen Canal Grande im Schachbrettmus-

Die Triestiner treffen sich besonders gern auf der weiten Piazza dell'Unità

ter angelegt. Heute ist das Borgo eines der angesagten Shoppingviertel. Eine Institution ist die **Pasticceria La Bomboniera** mit erhaltener Jugendstileinrichtung und guter Tortenauswahl (Via XXX Ottobre 3, Mo geschl.). > mehr S. 14 Punkt 17

Der Canal Grande endete einst direkt vor der Kirche **Sant'Antonio Nuovo** G, einem kühlen klassizistischen Pantheon (1825–1849). Der neobyzantinische Kuppelbau an der Piazza Sant'Antonio mit glänzenden Mosaiken an der Fassade ist die Kirche **San Spiridone** (1869) der serbisch-orthodoxen Gemeinde.

An der Ecke zum Hafen liegt der riesige **Palazzo Carciotti** H, 1798 bis 1805 vom bedeutendsten Architekten des Triestiner Klassizismus, Matthäus Pertsch, erbaut.

RUND UM DIE PIAZZA DELLA BORSA I c3

Die 1806–09 errichtete **Borsa Vecchia,** halb dorischer Tempel, halb römischer Triumphbogen, und das 1801 eröffnete Opernhaus, **Teatro Verdi,** werden durch die **Galleria Tergesteo**, eine überdachte Passage mit Läden und Café aus dem Jahr 1804, miteinander verbunden. Hier traf sich im 19. Jh. »tout Triest«. Anfang des 21. Jhs. wurde der Bau umfassend modernisiert.

Klassizistisch ist auch die Zweiturmfassade von **San Niccolò dei Greci** (1782–1821), der Kirche der griechisch-orthodoxen Gemeinde. Für eine kurze Verschnaufpause bietet sich das elegante, stuckverzierte **Caffè Tommaseo** (seit 1830) an der Piazza Tommaseo an.

ALTSTADTGASSEN UND KAUFMANNSPALÄSTE

Das älteste Stadtviertel Triests, **Città Vecchia,** erfuhr eine Wiederbelebung und avancierte zum Szeneviertel. Am Rand der Altstadt verläuft die Via Cavana mit kleinen Läden, Kneipen und ein paar Antiquariaten. Sie endet an der **Piazza Hortis** (J) d2, einem grünen Platz mit der **Biblioteca Civica** und einer Bronzestatue Italo Svevos, die den Weg zum kombinierten **Museum Italo Svevo** und **James Joyce** d2weist. Dokumente beleuchten das Leben der beiden Schriftsteller, die Anfang des 20. Jhs. in Triest lebten (Via Madonna del Mare, Mi–Fr 9–13, 15–19, Mo/Di, Sa 9–13 Uhr).

Weiter westlich wird es dann herrschaftlich. Hier bilden zwei frühere Kaufmannspaläste den **Palazzo Revoltella** (K) d2 mit einem der bedeutendsten italienischen Museen für zeitgenössische Kunst. Das großbürgerliche Mobiliar dokumentiert das Leben Mitte des 19. Jhs. (Via Diaz 27, Mi–Mo 9–19 Uhr,

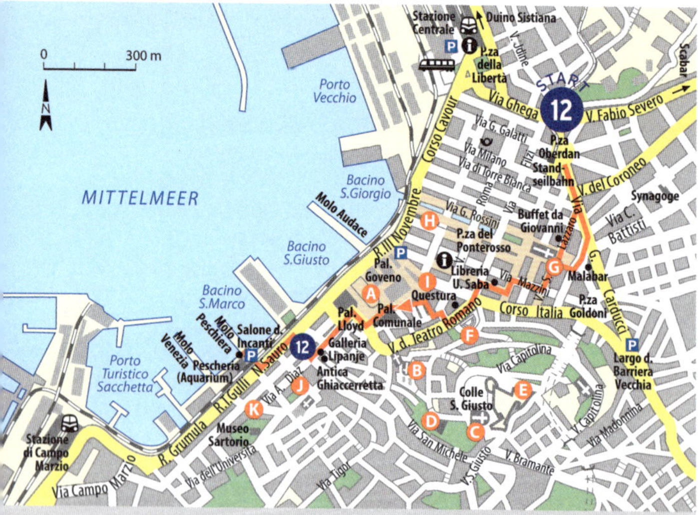

TOUR IN TRIEST

TOUR (12)

TRIEST FÜR KRIMILESER

- (A) Piazza dell'Unità
- (B) Santa Maria Maggiore
- (C) Kathedrale San Giusto
- (D) Museo di Storia ed Arte
- (E) Kastell
- (F) Teatro Romano
- (G) Sant'Antonio Nuovo
- (H) Palazzo Carciotti
- (I) Piazza della Borsa
- (J) Piazza Hortis
- (K) Palazzo Revoltella

Die Bibiothek im Palazzo Revoltella bietet reichlich Lesestoff

www.museorevoltella.it). Schräg gegenüber schwelgen Schleckermäuler in den exotischen Eissorten der Gelateria Penso (Via Diaz 26a): Wie wäre es beispielsweise mit Ingwer, Kaktusfeige oder zuckerfreier Schokolade?

INFO

IAT

- Via dell'Orologio 1/Piazza dell'Unità
  34121 Triest
  Tel. 04 03 47 03 12
  www.turismofvg.it

HOTELS

Grand Hotel Duchi d'Aosta €€€

Aufwendig renovierter Stadtpalast des 19. Jhs. an der Piazza Unità; die Zimmer verbreiten aristokratisches Flair, ein feiner Wellnessbereich sorgt für das Wohlbefinden der Gäste. Die Dependance Vis à Vis kontrastiert mit moderner Eleganz.

- Piazza Unità d'Italia 2 | Triest
  Tel. 04 07 60 00 11 | www.duchi.eu

Riviera e Maximilian's €€

Von viel Grün umgebenes Hotel in herrlicher Lage steil über dem Meer. Lift zum Strand, hoteleigene Beach Lounge.

- Strada Costiera 22 | Triest
  Tel. 040 22 45 51
  www.rivieramax.eu

L'Albero Nascosto €–€€

10 individuell gestaltete Zimmer mit Holzböden im Herzen der Altstadt.

- Via Felice Venezian 18 | Triest
  Tel. 040 30 01 88 | www.alberonascosto.it

Ostello Tergeste €

Es gibt wohl wenige Jugendherbergen in so fantastischer Lage am Meer.

- Viale Miramare 331 | Triest
  Tel. 040 22 41 02
  www.ostellotergeste.com

Karte S. 130

RESTAURANTS

Harry's Piccolo €€€

Chefkoch Matteo Metullio bereitet im Traditionsrestaurant des Grand Hotel Duchi d'Aosta auf höchstem Niveau international verfeinerte, traditionelle Gerichte zu.

- Piazza Unita 2/1 | Triest
  Tel. 04 07 60 00 11 | www.duchi.eu

Scabar €€€

Feinschmecker haben die Qual der Wahl, denn die Geschwister Scabar sind Virtuosen der Kochkunst: Ami setzt auf fangfrischen Fisch aus heimischen Gewässern und Meeresfrüchte, sowie auf eine Küche, die kreativ-genial Slowenien und Italien vermählt (Mo geschl.). > **mehr S. 14 Punkt 12**

- Erta di Sant'Anna 63 | Triest
  Tel. 040 81 03 68 | www.scabar.it

Ai Flori €€–€€€

Feine, moderne Küche mit frischen Kräutern, außerdem ein hübscher Gastgarten. > **mehr S. 15 Punkt 20**

- Piazza Attilo Hortis 6 | Triest
  Tel. 040 30 06 33 | www.aifiori.com

L'Osmiza di Cavana €

In dem rustikal-urig eingerichteten Lokal werden Käse, Schinken, Würste und Terrano-Wein serviert. Die Atmosphäre ist beinah so wie in einer echten *Osmiza* irgendwo auf dem Land.

- Via della Torretta 1
  Triest | Tel. 04 03 22 02 62

SHOPPING

Podrecca

Seit 1870 werden hier Haushaltswaren verkauft. Interessantes Sortiment traditioneller Keramik. > **mehr S. 15 Punkt 24**

- Via Mazzini 42 | Triest
  Tel. 040 63 60 90

NIGHTLIFE

Cantina del Vescovo

Ob man den Szenetreff so oder lieber »Angry Diamond« nennt – garantiert bleibt auf jeden Fall, dass hier schick gegessen und wild gefeiert wird.

- Via Torino 32 | Triest
  Mobiltel. 33 35 31 40 60
  www.angrydiamond.it

Colonial Trieste

Die erste Adresse in der Stadt für Electro und House, großer Dancefloor und viele special Events (Mi, Fr/Sa ab 23.30 Uhr).

- Via del Canal Piccolo 2c | Triest
  Mobiltel. 33 86 05 26 83
  www.facebook.com/discocolonial

BUFFETS

Buffets heißen die typischen Triestiner Restaurants, in denen man preiswert Speisen nach K.-u.-k.-Tradition auf der Basis von frischem Kesselfleisch, scharfem Kren (Meerrettich) und Kraut serviert. Eine der berühmtesten dieser Institutionen ist **Da Pepi** (€–€€, Via Cassa di Risparmio 3, Tel. 040 36 68 58, www.buffetdapepi.it). Bei **Da Giovanni** > **S. 126** kehrt Veit Heinichens Commissario Laurenti gerne ein. Das beliebte **Buffet da Siora Rosa** (€–€€, Piazza Hortis 3, Tel. 040 30 14 60) können die Gäste bei schönem Wetter an den Tischen auf der Piazza genießen.

AUSFLÜGE VON TRIEST

MUGGIA 2 T9

Die venezianische Vergangenheit des 10 km südlich von Triest gelegenen Fischerorts bezeugen die Rathausloggia mit dem Markuslöwen und die marmorne Domfassade (15. Jh.). Beliebt für Hochzeiten ist die in der Altstadt gelegene Kirche **Santa Maria Assunta** (11./12. Jh.).

RESTAURANT

La Terrazza €

Das Restaurant der Fischerkooperative serviert Fangfrisches aus dem Meer, ohne Schnickschnack, aber gekonnt zubereitet (in den Wintermonaten geschl.)

- Molo Colombo
  34015 Muggia
  Tel. 040 27 53 31
  www.ittiturismomuggia.com

MIRAMARE 3 11 T8

Das Märchenschloss **Castello di Miramare** erzählt auch die unglückliche Geschichte von Erzherzog Maximilian, eines Bruders von Kaiser Franz Joseph. Der realitätsfremde Maximilian ließ sich 1864 zum Kaiser von Mexiko ausrufen und wurde allerdings dort drei Jahre später von Aufständischen erschossen. Schon 1856 hatte Maximilian mit dem Bau seines eines Kaiser würdigen Wohnsitzes direkt am Ufer der Adria begonnen, der aber erst 1870, drei Jahre nach seinem Tod, fertig wurde. Die gesamte Innenausstattung blieb erhalten. Im Schloss werden Wechselausstellungen gezeigt. Wunderschön ist der auf Terrassen angelegte Park mit exotischen Bäumen

Auf Schloss Miramare war auch Kaiserin Sisi wiederholt zu Besuch

(Schloss: tgl. 9–19, Park März bis Sept. 8–19, sonst bis 16 Uhr, 8 €, www.castello-miramare.it).

DUINO 4 S7

Lange war das seit dem 14. Jh. dokumentierte Schloss Duino als Besitz der Fürstenfamilie Thurn und Taxis nicht zu besichtigen. Heute können Besucher das Schloss, seinen weitläufigen Park und die Ruine einer 1139 vom Patriarchen von Aquileia erbauten Felsenburg (Castello Vecchio) durchstreifen und die spektakulären Meerespanoramen genießen, die Rainer Maria Rilke 1911/12 zu den ersten beiden Duineser Elegien inspirierten. Das Arbeitszimmer des Dichters ist ebenso zugänglich wie 18 weitere, mit Originalmobiliar ausgestattete Räume,

Felsküste bei Duino mit den Ruinen des Castello Vecchio

eine von Palladio entworfene Treppe und das Pianoforte, auf dem Franz Liszt 1810 spielte. Im Schloss zu Gast waren außerdem Johann Strauss, Mark Twain und Gabriele d'Annunzio (April–Sept. tgl. 9.30 bis 17.30, Okt. tgl. 9.30–16, Nov.–März Sa/So 9.30–16 Uhr, www.castellodiduino.it).

GORIZIA/GÖRZ 5 S6

Die im 12. Jh. gegründete italienisch-österreichisch-slowenische Stadt (35 000 Einw.) hat ein schwieriges historisches Erbe. Die Grenzlage bestimmte und belastete ihr Schicksal ähnlich wie das von Triest. Bis heute ist die Stadt geteilt. Auf der italienischen Seite liegt der größte Teil mit der Altstadt, jenseits der Bahnlinie das slowenische Nova Gorica. Trotz Kriegsschäden hat Görz viel von seinem K.-u.-k.-Charme bewahrt.

OBERSTADT

Zentrum von Görz ist die in den 1930er-Jahren rekonstruierte Burg auf dem 150 m hohen **Borgo Castello,** zu dem ein Fußweg durch den Stadtpark hinaufführt. Ein Besuch im **Castello** mit seinen historisch möblierten Zimmerfluchten lohnt schon wegen der Aussicht. Das **Museo della Grande Guerra** dokumentiert die Isonzo-Schlachten im Ersten Weltkrieg (Di–So 9–19 Uhr).

UNTERSTADT

Der Viale G. d'Annunzio führt vom Castello zur **Piazza Cavour**, dem Marktplatz, der sich seit dem Mittelalter am Fuß des Burgbergs entwickelte. Von dort gelangt man auf der Via Rastello, der Hauptstraße des mittelalterlichen Ortes, zur **Piazza della Vittoria**, die lange der große Markt-, Fest- und Paradeplatz von Görz war. Er wird dominiert von der großen barocken Jesuitenkirche **Sant'Ignazio** (1654–1724).

Weiter nach Norden geht es durch die Via Carducci, vorbei an schönen Bürgerhäusern zur **Piazza Amicis** mit dem eleganten **Palazzo Attems-Petzenstein**. Links davon gelangt man ins ehemalige jüdische Getto (Via Ascoli) mit einer **Synagoge** aus dem 18. Jh. Im Erdgeschoss dokumentiert das **Museo Ebraico** die Geschichte des Judentums, der Diaspora und der Görzer Gemeinde (Di, Do 17–19 Uhr).

INFO

Infopoint

- Corso Italia 9 | 34170 Gorizia
  Tel. 04 81 53 57 64 | www.turismofvg.it

HOTEL

Grand Hotel Entourage €€€

Das altstadtnahe elegante Hotel punktet auch mit Restaurant und Weinkeller.

- Piazza S. Antonio 2 | Gorizia
  Tel. 04 81 55 02 35
  www.entouragegorizia.com

RESTAURANTS

Alla Luna €€

Traditionelle Küche Friauls und Sloweniens. Gute Auswahl an lokalen Weinen.

- Via G. Oberdan 13 | Gorizia
  Tel. 04 81 53 03 74
  So abends und Mo geschl.

Rosenbar €€

Die älteste Osteria von Görz mit hervorragender Fischküche und der lokalen Spezialität, *radicchio di Gorizia*, der Görzer Rose. So und Mo geschl.

- Via Duca d'Aosta 96 | Gorizia
  Tel. 04 81 52 27 00 | www.rosenbar.it

AUSFLUG NACH SLOWENIEN

Im Weinbaugebiet **Goriška Brda** setzt sich das Collio nach Osten, auf slowenischem Staatsgebiet, fort. Hier sind die Hügel deutlich steiler als im Friaul. Kühn ziehen die Winzer ihre Rebstöcke in Kreisen oder Reihen um die Kuppen. Angebaut werden vor allem Sivi Pinot (Pinot Grigio), Refošk (Refosco) und Tokajer, der hier Sauvignonasse heißt. Über **San Floriano del Collio** › S. 118 passieren Sie die Grenze und erreichen bergauf, bergab ein paar Kilometer weiter **Gonjače** 6 S5, wo es nach links in Richtung Šmartno und Dobrovo weitergeht.

Obwohl das Meer ein gutes Stück entfernt ist, liegt über den Hügeln der Brda und ihren steinernen, alten Häusern und Kirchen mediterranes Flair. Das um 1600 erbaute **Renaissanceschloss Dobrovo** ist wunderbar erhalten und beherbergt zudem eine gut sortierte Vinothek (www.vinotekabrda.si). Einkehren und Wein sowie Schinken oder Würste verkosten kann man auch im Weingut Belica (Medana 32, Dobrovo, www.belica.si). In **Medana** 7 S5 geht es schließlich über die Grenze zurück nach Italien.

CORMONS 8 S6

Dass Cormons (7500 Einw.) seit dem 12. Jh. der Grafschaft Görz angegliedert und von 1497 bis 1918 österreichisch war, lässt sich an den barocken Turmhauben der 1779 geweihten Kirche Rosa Mistica erkennen. Das Zentrum des Weinbaugebiets Collio präsentiert die in der Umgebung produzierten hervorragenden Weine in der **Enoteca regionale** am hübschen Hauptplatz, der Piazza XXIV Maggio (www.enoteca-cormons.it). Stolz ist man in Cormons auch auf zwei weitere kulinarische Spezialitäten: die Dolci von Chiarosa und den fein geräucherten Prosciutto d'Osvaldo.

INFO

IAT

- Via Matteotti 24
  34071 Cormons
  Tel. 04 81 63 93 34
  www.cormons.info

HOTEL

Agriturismo La Subida €€–€€€

Das Anwesen aus mehreren Häusern mit geschmackvollen, traditionell oder modern eingerichteten, komfortablen Apartments bietet Reitmöglichkeiten, Tennisplatz, Kinderspielplatz und hauseigene Trattoria.
› mehr S. 17 Punkt 33

- Loc. Monte 22 | Cormons
  Tel. 048 16 05 31
  www.lasubida.it

RESTAURANTS

Al Cacciatore €€–€€€

Wo zwei Kulturen aufeinandertreffen, wird bestens gekocht (1 Michelinstern), wie in diesem italienisch-slowenischen Familienbetrieb. Jeder Gang ist ein Fest der Sinne (Di und Mi geschl.)

- Im Agriturismo La Subida

Al Giardinetto €€

Friulanische Küche für Feinschmecker, die zum Essen von weit her anreisen. Große Auswahl an regionalen Weinen. Unbedingt reservieren (Mo/Di geschl.)!

- Via G. Matteotti 54 | Cormons
  Tel. 048 16 02 57

SHOPPING

Pasticceria Chiarosa

Lassen Sie sich von den leichten Keksen *zimui* oder *friulini* verführen, ohne oder mit Schokolade, Nüssen usw. – seit über 100 Jahren hütet die Bäckerei ihre Rezepte.

- Via Gorizia 7 | Cormons
  www.chiarosa.it

Alimentari Tomadin

Hier bekommen Sie regionale Spezialitäten. › mehr S. 13 Punkt 10

- Via C. Cumano 53 | Cormons

COLLIO 12 R5–S6

Im Top-Weinbaugebiet des Friaul, dessen östlicher Teil zu Slowenien gehört und dort Brda heißt › S. 135, gedeihen vor allem Weißweine. Die hügelige Landschaft mit ihren akkuraten Weinpflanzungen und den dazwischen herauslugenden Weingütern lässt sich auf einem Tagesausflug wunderbar, auch kulinarisch, erkunden › S. 118.

Die Teufelsbrücke führt über der Natisone-Schlucht nach Cividale del Friuli

CIVIDALE DEL FRIULI

9 ★ R4

Die interessante Langobardenstadt (11 000 Einw.), die sich jenseits des 22 m hohen, mittelalterlichen **Ponte del Diavolo** (Teufelsbrücke) über der Natisone-Schlucht aufbaut, wirkt wie eine Festung. Die Campanili ragen wie Wehrtürme über den Altstadthäusern auf, und die alten engen Gassen, die hier *strette* heißen (*stretto* – »eng«), liegen in tiefen Mauerschatten. › mehr S. 15 Punkt 23

Vom römischen Forum Julii, dem die Stadt ihre Gründung durch Julius Caesar verdankt, leitet sich der Name der Region, Friuli, ab, und von dem langobardischen Civitas Forum Julii der heutige Name der Stadt. Den Langobarden, die sie 568 zur ersten Hauptstadt ihres oberitalienischen Reiches machten, verdankt sie ihren Ruhm. Die Patriarchen des zerstörten Aquileia verlegten 737 ihren Sitz nach Cividale und residierten hier bis 1238.

Tempietto Longobardo wird das kleine Oratorium von Santa Maria della Valle über einem Felshang am Natisone genannt, das alle Erdbeben überlebte und zum UNESCO-Weltkulturerbe zählt (April–Sept. Mo–Fr 10–13, 15–18, Sa/So 10–18, sonst Mo–Fr 10–13, 14–17, Sa/So 10 bis 17 Uhr, www.tempiettolongobardo.it). Das Innere des Tempelchens gehört zu den eindrucksvollsten Räumen des frühen Mittelalters. Über sein exaktes Alter – 8. oder 9. Jh. – streiten die Gelehrten. Ungewöhnlich sind die bemalten Stuckreliefs der Westwand. Mehr über die Langobarden erfährt man im **Museo Archeologico** am Domplatz mit reichen Gräberfunden (Mo 9–14, Di–So 8.30–19.30 Uhr, www.museoarcheologicocividale.beniculturali.it). Langobardenkunst präsentiert das **Museo Christiano** im Dom, darunter das achteckige Taufbecken mit Säulenbaldachin des Patriarchen Calixtus (737–756) sowie den vom gleichnamigen Langobardenkönig gestifteten Ratchis-Altar mit Figurenreliefs aus dem 8. Jh. (Mi bis So 10–13, 15–18 Uhr).

INFO

APT

- Piazza Paolo Diacono 10
  33043 Cividale del Friuli
  Tel. 04 32 71 04 60
  www.cividale.com

HOTEL

Locanda al Castello €€

Romantisches Schlosshotel mit schönem Wellnessbereich in Hügellage.

- Via del Castello 12 | Cividale del Friuli
  Tel. 04 32 73 32 42
  www.alcastello.net

RESTAURANT

Al Monastero €€

Idyllisch dinieren im ehemaligen Kloster (So abends und Mo geschl.).

- Via Ristori 9
  Cividale del Friuli
  Tel. 04 32 70 08 08
  www.almonastero.com

SHOPPING

Bottega Longobarda

Hier erhält man schönen Schmuck nach langobardischen Vorbildern.

- Vià Monastero Maggiore 22
  Cividale del Friuli
  www.facebook.com/bottegalongobarda

UDINE 10 ★ 05

Udine (99 000 Einw.) galt schon immer als die »venezianische« unter den Städten Friauls, nicht nur wegen der zentralen Piazza della Libertà

WER WAREN DIE LANGOBARDEN?

Wahrscheinlich stammten die langbärtigen Kriegernomaden, die 568 in Italien einfielen und in einer Blitzaktion die Halbinsel eroberten, aus Skandinavien. Ihr erster Herzogssitz wurde Cividale, ihre Königsstadt Pavia. Trotz langer Forschung weiß man wenig über das rätselhafte Volk, das 200 Jahre lang den größten Teil Italiens beherrschte. Nach ihrer Niederwerfung durch Karl den Großen gingen die Langobarden spurlos in der Bevölkerung auf. Nur noch ein paar Wörter (z. B. *scherzo, fiasco* oder *guerra*) und der Name der Lombardei erinnern an die einstigen Eroberer. Die wenigen Relikte aus langobardischer Zeit stammen fast alle aus der Gegend von Cividale und gehören heute zum UNESCO-Weltkulturerbe. In dem Formenmix der erhaltenen Architektur- und Skulpturfragmente überlagern sich Motive aus der römischen Antike, Byzanz und dem Orient.

Die gotische Loggia del Lionello ist das Schmuckstück der Piazza della Libertà in Udine

mit ihren Markusplatz-Zitaten, sondern auch auf Grund des pulsierenden urbanen Lebens.

Die Entwicklung der Stadt erfolgte 1223 nach Verlegung der Residenz der Patriarchen von Aquileia und des Parlaments der »Patria del Friuli« von Cividale auf den Hügel von Udine. 1420 kapitulierte Udine vor Venedigs Truppen und blieb bis zum Einmarsch Napoleons 1797 Teil der Serenissima.

PIAZZA DELLA LIBERTÀ

In den Platz hinein ragt, wie ein kostbarer Schrein, der Kommunalpalast **Loggia del Lionello** (1448 bis 1456), ein Meisterwerk der venezianischen Spätgotik. Gegenüber liegt der **Porticato San Giovanni,** eine lang gestreckte Loggia (1532) mit einer Kuppelkapelle, hinter der ein Uhrturm (1527) aufragt. Barocke Statuen, zwei Säulen, eine davon mit dem Markuslöwen, sowie ein Brunnen (1542) dekorieren die Piazza.

CASTELLO-HÜGEL

Durch ein Palladio-Tor (1556) und an spätgotischen Arkaden entlang steigt man zum **Castello** auf. In dem nach dem Erdbeben von 1511 errichteten Bau residierten bis 1797 die venezianischen Statthalter. Im Piano Nobile ist der Parlamentssaal mit Fresken von Giovanni da Udine (1560) zu besichtigen. Die **Musei Civici** im Castello beherbergen u. a. eine Gemäldegalerie mit friulischen und venezianischen Werken von Carpaccio bis Tiepolo (April–Okt. Di–So 10.30–19, sonst bis 17 Uhr, www.civicimuseiudine.it).

Udines älteste Pfarrkirche, **Santa Maria di Castello,** geht aufs 6. Jh. zurück. Der Erzengel, der als Windfahne den Glockenturm krönt, ist das Wahrzeichen der Stadt.

PALAZZO ARCIVESCOVILE

In der Erzbischöflichen Residenz an der Piazza Patriarcato können Sie **Freskenzyklen** von Giovanni Battista Tiepolo bewundern: Das Deckenbild des Treppenhauses (1726), die alttestamentarischen Szenen der Galleria (1727–1728) und an der Decke der Sala Rossa (um 1730) beweisen Tiepolos virtuose Inszenierungskunst (Mi–Mo 10–13, 15 bis 18 Uhr, www.musdioc-tiepolo.it).

RUND UM DEN DOM

Ein weiteres Frühwerk Tiepolos schmückt den mächtigen **Dom** aus dem 13. Jh. Der venezianische Meister malte die Cappella del Sacramento (1726) hinter der Kanzel aus (tgl. 7–12, 16–18.45 Uhr). Im **Oratorio della Purità** (18. Jh.) an der Südseite des Doms hinterließ Tiepolo ein Deckenfresko (1759), das die Himmelfahrt Mariens darstellt, von unbeschreiblich transparenter Farbigkeit.

IM MARKTVIERTEL

Stimmungsvoll ist die **Piazza Matteotti** durch ein Ensemble ockerfarbener historischer Häuser mit Laubengängen und die majestätische Fassade der Kirche **San Giacomo** (16. Jh.). Das **Museo Etnografico del Friuli** präsentiert seine Schätze der friulischen Volkskultur durch eine modern konzipierte Ausstellung im Palazzo Giacomelli (Via Grazzano, Mai–Sept. Di–So 10.30 bis 19, Okt.–April 10.30–17 Uhr).

INFO

Infopoint

- Palazzo Morpurgo
  Piazza 1° Maggio 7 | 33100 Udine
  Tel. 04 32 29 59 72
  www.comune.udine.gov.it

HOTELS

Astoria Hotel Italia €€€

Elegant ausgestattete Traditionsadresse im Zentrum, bekannt-gutes Restaurant.

- Piazza XX Settembre 24 | Udine
  Tel. 04 32 50 50 91
  www.hotelastoria.udine.it

Clocchiatti €€

Durchgestyltes Hotel mit Pool und allen Annehmlichkeiten.

- Via Cividale 29 | Udine
  Tel. 04 32 50 50 47
  www.hotelclocchiatti.it

RESTAURANTS

Al Vecchio Stallo €€

Die Osteria in einem früheren Stall serviert gute friulanische Küche (So, Mi geschl.).

- Via Viola 7 | Udine
  Tel. 043 22 12 96
  www.facebook.com/alvecchiostallo osteria

Caffè Caucigh €

Das älteste Kaffeehaus der Stadt.

- Via Gemona 36 | Udine
  www.caffecaucigh.com

AUSFLÜGE VON UDINE

VILLA MANIN 11 ★ P6

Die Villa in Codroipo, 30 km südwestlich von Udine, war Residenz des letzten venezianischen Dogen Ludovico Manin (1789–1797). Heute finden in den repräsentativen Räumen Kunstausstellungen, Antiquitätenmessen und andere Events statt (Di–So 10–19 Uhr, www.villamanin-eventi.it). Dann ist auch das luxuriöse **Ristorante Nuovo Doge** geöffnet (€€€, Tel. 04 32 90 48 29).

PALMANOVA 12 R6

Die Stadt (5000 Einw.) müsste man eigentlich aus der Luft betrachten, um ihre Anlage als neunzackiger Stern mit radialer Straßenführung richtig würdigen zu können. Die venezianische Festungsstadt, die 1593 bis 1683 als Bollwerk gegen die Türken und Zeichen der Macht gegenüber Österreich entstand, gehört zum UNSECO-Weltkulturerbe.

Ironie der Geschichte: Napoleon fällte in Palmanova mit der Unterzeichnung der Kriegserklärung an Venedig 1797 das Todesurteil für die 1000-jährige Seerepublik. Das folgenschwere Dokument bewahrt das **Civico Museo Storico** (Borgo Udine, Mo, Mi–Fr 9.30–12.30, Sa 9.30 bis 12.30, 15–17 Uhr). Schnäppchenjäger können im **Palmanova Outlet Village** über 90 Läden nach günstigen italienischen Haushaltsartikeln durchstöbern (www.palmanovaoutlet.it). › mehr S. 17 Punkt 37

SAN DANIELE DEL FRIULI 13 P4

Weltbekannt ist das Städtchen (7500 Einw.) wegen seines Schinkens, aber es hat auch Kultur zu bieten: Gut erhalten ist die spätgotische Kirche **Sant'Antonio Abate** mit einem Freskenzyklus (1498–1522) von Pellegrino San Daniele, dem nach Pordenone wichtigsten Renaissancemaler des Friaul.

Jährlich Ende Juni findet das große Schinkenfest Aria di Festa mit vielen Probierständen und Tischen im Freien statt (www.ariadifesta.it).

INFO

Pro San Daniele

- Via Roma 3 | 33038 San Daniele del Friuli
  Tel. 04 32 94 07 65
  www.infosandaniele.com

RESTAURANTS

Ai Bintars €€

Hier gibt es friulische Spezialitäten (Mi, Do geschl.)

- Via Trento e Trieste 63
  San Daniele del Friuli
  Tel. 04 32 95 73 22 | www.aibintars.com

Prosciutteria Dok Dall'Ava €€

Aufgetischt werden Schinken von Rind, Pferd, Pute, Wildschwein, Hirsch und Fasan.

- Via Gemona 29 | San Daniele del Friuli
  Tel. 04 32 95 73 35 | www.dallava.com

PROSCIUTTO

Schweinefleisch war immer die Wirtschaftsbasis für die seit 1139 bestehende Marktgemeinde San Daniele. Der zart-süße, luftgetrocknete Schinken erhält seinen unverwechselbaren Geschmack durch das Klima am Ort mit wechselnd feuchter und trockener Luft. Heute werden unter dem gesetzlichen Gütezeichen DOP ca. 2,7 Mio. Schinken pro Jahr produziert. Zum Probieren lädt u. a. die **Casa del Prosciutto** (Via Ciconi 24, www.lacasadelprosciutto.com, nur am Wochenende) ein. Bei **Prolongo** (Via Trento e Trieste 129, www.prolongo.it) kann man noch nach traditioneller Art erzeugten Prosciutto kaufen.

SPILIMBERGO 14 04

Das Städtchen (11 000 Einw.), das auf einer Terrasse über dem Tagliamento liegt, besitzt eine traditionsreiche Mosaikschule.

Von den mittelalterlichen Gebäuden des Castellos überstand nur der mit Außenfresken verzierte und daher **Palazzo Dipinto** (15. Jh.), also bemalter Palast, genannte Bau die verheerenden Erdbeben der Jahre 1511 und 1976.

Im gotischen **Dom,** der zwischen 1284 und 1376 errichtet wurde, sind die 1524/25 von Pordenone bemalten **Orgelflügel** sehenswert. Während die Wiederherstellung des Ensembles am Domplatz wenig geglückt ist, vermittelt der Corso Roma, der durch einen Torturm betreten wird, viel Atmosphäre.

KULINARISCHE FESTIVALS

- Heiraten im Karst mit den besten Gerichten und Weinen bei den **Nozze Carsiche** in Monrupino. Auch Gäste sind herzlich willkommen. > S. 39
- Bestens schmeckt's bei der beliebten **Antica Mostra del Radicchio Rosso** in Treviso. > S. 42
- Tonnen von Tortellini werden für Tausende Besucher bei der **Festa del Nodo d'amore** in Valeggio sul Mincio zubereitet. > S. 100
- Feinsten Schinken gibt es bei der **Aria di Festa** in San Daniele del Friuli. > S. 141

INFO

IAT

- Piazza Castello 7 | 33097 Spilimbergo
  Tel. 04 27 22 74 | www.prospilimbergo.org

RESTAURANTS

Da Afro €€€

Historische Osteria, die typisch friulische Küche serviert. So geschl.

- Via Umberto I. 14 | Spilimbergo
  Tel. 04 27 22 64 | www.osteriadaafro.net

Al Bachero €

Beliebte Osteria, die u. a. Kutteln mit Polenta serviert (Mo abends, So geschl.).

- Via Pilacorte 5 | Spilimbergo
  Tel. 04 27 23 17
  www.osteriabachero.com

TOLMEZZO 15 P2

Der Hauptort (11 000 Einw.) Karniens, des gebirgigen Nordens von Friaul, liegt am Zusammenfluss von Tagliamento und But. Als Tumez im 12. Jh. erstmals urkundlich erwähnt, ist es bis heute das kommerzielle Zentrum der karnischen Region. Im 18. Jh. war Tolmezzo mit seinen Webereien, die damals bereits 4500 Arbeitskräfte (vorwiegend Frauen) beschäftigten, ein wichtiges Produktionszentrum in der Frühgeschichte der Industrialisierung.

Eine beinahe alpine Atmosphäre herrscht in der **Altstadt** mit den schattigen Laubengängen, hölzernen Klappläden und vorspringenden Dachtraufen. Hauptplatz ist die Piazza XX Settembre mit der Pfarrkirche, die mit einem Bilderzyklus des karnischen Barockmalers Nicola Grassi (1682–1750) geschmückt ist. Einen Besuch lohnt das im Palazzo Campeis aus dem 17. Jh. untergebrachte **Museo Carnico delle Arti Popolari** mit einer interessanten volkskundlichen Sammlung (Piazza Garibaldi 2, Di, Do–So 9–13, 15–17, Mi 9–13 Uhr, www.museocarnico.it).

Tolmezzo ist Ausgangspunkt für Ausflüge und Bergtouren in die **Karnischen Alpen.** Originelle, urige Unterkunft bieten in der Region die Alberghi Diffusi, zu denen sich Dorfgemeinschaften zusammengeschlossen haben, die Apartments oder Ferienhäuser vermieten, so etwa auf dem Altipiano di Lauco (www.albergodiffusolauco.it) oder im Dorf Soandri bei Sauris (www.albergodiffuso.org).

INFO

IAT

- Via J. Linussio 1/A | 33028 Tolmezzo
  Tel. 04 33 46 82 18
  www.nuovaprolocotolmezzo.it

HOTEL/RESTAURANT

Roma €€–€€€

Hotel, Laubencafé und Ristorante mit karnischer Regionalküche in einem.

- Piazza XX Settembre 14 | Tolmezzo
  Tel. 04 33 46 80 31
  www.albergoromatolmezzo.it

TREVISO 16 ★ L8

Treviso (85 000 Einw.), umflossen von Sile und Botteniga, ist Mittelpunkt einer Industrieregion, die sich bis Mestre und Padua erstreckt. Ein geschätztes Produkt der Region ist der rote Radicchio di Treviso › S. 42. Aushängeschild der hiesigen Industrie ist der Textilgigant Benetton. Die wichtigen Sehenswürdigkeiten Trevisos stammen aus dem Zeitraum vom 12. bis 14. Jh.

Palazzo del Trecento in Treviso

Die **Piazza dei Signori** ist seit der Römerzeit nicht nur das geografische Zentrum. Im Umkreis der großen Caféterrassen und eleganten Läden herrscht vor der Kulisse des romanischen **Palazzo dei Trecento** munteres Treiben. In der **Loggia dei Trecento** lohnt die Besichtigung der Fontana delle Tette, einer Frauengestalt, aus deren mächtigen Brüsten einst Wein floss. So bewirteten früher frisch gewählte Bürgermeister mehrere Tage lang das Volk.

Durch die lebhafte **Via Calmaggiore** geht es nach Nordwesten zum stark verschachtelten Domkomplex mit einem Baptisterium (12. bis 19. Jh.): Zur reichen Ausstattung des **Doms San Pietro** gehört u. a. ein barocker Gemäldezyklus von Nicola Grassi. Genauere Betrachtung verdienen die Chorkapellen der Renaissance (Pietro Lombardo, um 1500) mit Fresken von Pordenone (1520) und einer frühen Verkündigung Tizians (Mo–Fr 7.15 bis 12 und 15.30–18.30, Sa/So 8–13 und 15.30–20 Uhr).

Südöstlich der Piazza dei Signori befindet sich die gotische **Loggia dei Cavalieri,** die im Mittelalter als Art ritterliches Klubhaus diente.

Die **Pescheria,** der Fischmarkt, liegt idyllisch unter Kastanien auf einer Insel im Fluss Cagnan.

Nördlich davon bewahrt die im 13. Jh. erbaute Bettelordenskirche **San Francesco,** eine sog. Predigtscheune, Grabdenkmäler bedeutender Familien und Fresken von Tommaso da Modena.

Die 1389 erbaute Kirche **San Nicolò** im Südwesten der Altstadt zählt zu den schönsten Sakralbauten der italienischen Backsteingotik. Ihr Inneres birgt an den Pfeilern Fresken des 14. Jhs. von Tommaso da Modena. Den Kapitelsaal des ehemaligen Klosters schmückt sein bedeutendster Freskenzyklus (tgl. 8.30–12 und 15.30–18 Uhr).

INFO

IAT

- Via Fiumicelli 30 | 31100 Treviso
  Tel. 04 22 54 76 32 | www.visittreviso.it

HOTEL

Rovere €€

Familiengeführtes gemütliches Hotel mit großen, eleganten Zimmern.

- Viale Gian Giacomo Felisent 13
  Treviso | Tel. 042 21 74 05 15
  www.hotelrovere.it

RESTAURANTS

Antico Ristorante Beccherie €€–€€€

Schickes Traditionslokal mit einfallsreicher saisonaler Küche.

KÖSTLICHES PRICKELN

Auf den Hügeln zwischen Conegliano und Valdobbiadene gedeiht die Prosecco-Rebe, aus der schon zur Römerzeit der *pulcinum* gekeltert wurde. Die große Stunde des Prosecco schlug aber erst, als Antonio Carpenè den Wein im Champagnerverfahren zum Perlen brachte. Seinen Namen trägt die älteste und führende Weinfirma Carpenè-Malvolti (seit 1868) in Follina. Beim Prosecco unterscheidet man eine kohlensäureärmere *(frizzante)* und eine kohlensäurereichere Variante *(spumante)*. Die beste Sorte ist der Cartizze mit 11 % Alkoholgehalt *(frizzante)* bzw. 11,5 % *(spumante)*. Er stammt aus einem nur 108 ha großen Gebiet um Santo Stefano bei Valdobbiadene, sodass der echte DOC-Cartizze auch bloß in entsprechend geringer Menge produziert werden kann. › **mehr S. 18 Punkt 39**

- Piazza Ancilotto 11 | Treviso
  Tel. 04 22 54 08 71 | www.lebeccherie.it

Trattoria alla Colomba €€
Seit über 70 Jahren eine kulinarische Institution in Treviso.
- Via Ortazzo 25 | Treviso
  Tel. 04 22 54 22 84
  www.facebook.com/trattoriaallacolombatreviso

AUSFLUG NACH CONEGLIANO 17 L7

Die 35 000 Einwohner zählende Industriestadt 32 km nördlich von Treviso besitzt einen schönen **Altstadtkern** zu Füßen eines Hügels mit Burgruine und ist Zentrum der Weinbauregion zwischen Valdobbiadene und Vittorio Veneto, aus der der Prosecco stammt. Die Altstadt erstreckt sich an der Via XX Settembre, einer Arkadenstraße mit Palazzi und dem schönsten Gebäude der Stadt, der **Scuola dei Battuti** (14./15. Jh.). Benachbart ist der Dom mit einer **Sacra Conversazione** (1493) von Cima da Conegliano, der in der Casa Cima hinter dem Dom lebte (Tel. 043 82 16 60, Sa/So 10–12, 15–18 Uhr). Im Zentrum des Ortes liegt die Piazza Cima mit dem klassizistischen Stadttheater.

FELTRE 18 J6

Das nette Städtchen (20 000 Einw.) schmiegt sich an den Rand eines Talbeckens. Die Altstadt liegt am Hang um die Längsachse der **Via Mezzaterra** mit einem schönen Ensemble von Wohnpalästen des 16. Jhs., einige mit Außenfresken. Am oberen Ende weitet sich die Straße zur **Piazza Maggiore,** einer malerischen Platzbühne mit mehreren Ebenen, über die ein Markuslöwe auf seiner Säule wacht. Auch die Via Luzzo säumen schöne Paläste. Das **Museo Civico** im Palazzo Villabruna stellt historische Möbel, kostbare Gemälde und ein interessantes Lapidarium aus (Juli–Sept. Di–So 9.30–18, sonst 10.30–12.30 und 15–18 Uhr).

Alljährlich am ersten Augustwochenende findet hier der Palio di Feltre statt, ein farbenprächtiges, historisches Stadtfest.

RESTAURANT

Hostaria Novecento €€
Signora Ponti verwöhnt ihre Gäste (Mi geschl.).
- Via Mezzaterra 24 | 32032 Feltre
  Tel. 043 98 30 43
  www.facebook.com/HostariaNovecento

VITTORIO VENETO 19 L6

Die Stadt (28 000 Einw.) entstand 1866 aus der Vereinigung zweier Nachbargemeinden am Meschio-Fluss und wurde nach dem ersten italienischen König Vittorio Emanuele benannt. Das nördliche Serravalle (Talriegel), seit jeher Kontrollpunkt an dem engen Talschluss zwischen Ebene und Gebirge, hat anders als Ceneda sein historisches Ortsbild bewahrt.

Man sollte die Stadt zu Fuß von Norden über die Via Roma erkunden und vorbei an der Burgfestung zur **Piazza Flaminio** hinuntergehen. Den seit dem 16. Jh. kaum veränderten Platz beherrscht die malerische **Loggia Serravallese,** der alte Regierungspalast, der heute das **Museo del Cenedese** beherbergt. Es zeigt u. a. Gemälde und archäologische Funde (Sa/So 10–12, 15 bis 17 Uhr, www.museocenedese.it).

Am anderen Flussufer liegt der barocke **Dom.** Von der Piazza Flaminio in Richtung Süden führt die von dunklen Lauben gesäumte alte Hauptstraße, die **Via Martiri della Libertà** – mit modernen Geschäften in alten Palästen: Die Hospitalkirche **San Lorenzo** um die Ecke schmückt einer der schönsten **Freskenzyklen** venezianischer Malerei aus dem frühen 15. Jh.

INFO

IAT

- Viale della Vittoria 110
  31029 Vittorio Veneto | Tel. 043 85 72 43
  www.turismovittorioveneto.gov.it

RESTAURANTS

Hostaria Via Caprera €€

Die Osteria ist ihrer köstlichen Küche wegen sehr beliebt. Also unbedingt reservieren (So abends, Mo geschl.)!

- Via Caprera 23 | Vittorio Veneto
  Tel. 043 85 75 20
  www.hostariaviacaprera.it

Trattoria alla Cerva €€

Traditionelle Küche, modern und pfiffig interpretiert. Die Einrichtung verzichtet auf Folklore (Di, Mi, Do mittags geschl.).

- Piazza Flaminio 8 | Vittorio Veneto
  Tel. 043 81 84 92 59
  www.trattoriaallacerva.com

PORDENONE 20 L6

In der Antike war die westfriulische Hauptstadt (51 000 Einw.) ein Handelshafen am Noncello. Seit dem 10. Jh. war sie dann österreichische Enklave und ab 1508 venezianisch. Die Stadt ist der Geburtsort von Giovanni Antonio de' Sacchis, genannt »Il Pordenone« (1483–1539), der sich mit seinem eigenwilligen Manierismus neben den großen Renaissancemalern Venedigs behaupten konnte.

Der Altstadtkern besteht aus einer von historischen Laubenhäusern gesäumten Einkaufsmeile, dem **Corso Vittorio Emanuele.** Unter den Portici laden Cafés zur Pause ein, wie das **Caffè Municipio** (Nr. 58) unweit des barocken **Palazzo Gregoris,** der auch am Canal Grande stehen könnte.

Das Ostende des Corso markiert die originelle Silhouette des gotischen **Palazzo del Comune,** dem 1542 ein Uhrturm vorgesetzt wurde. Imponierend ist der hohe **Campanile** (1271–1347) des Doms San Marco. Innen ist am ersten Seitenaltar rechts die **Madonna della Misericordia** (1515) von Pordenone zu bewundern. › mehr S. 17 Punkt 31 Über die intime Piazza San Marco gelangt man zum Noncello, den ein schöner Flusspark begleitet.

INFO

Infopoint

- Via Mazzini 2
  33170 Pordenone
  Tel. 04 34 52 03 81
  www.comune.pordenone.it

HOTEL

Villa Luppis €€€

Das Hotel befindet sich 15 km südlich von Pordenone in einem ehemaligen Kloster des 11. Jhs., umgeben von einem Park mit alten Bäumen. Swimmingpool, Tennisplätze und empfehlenswertes Restaurant.

- Via San Martino 34
  33080 Rivarotta Pasiano
  Tel. 04 34 62 69 69
  www.villaluppis.it

RESTAURANT

Vecia Osteria del Moro €€

Gasthaus mit traditioneller Küche des Friaul und Veneto; hausgemachte Pasta und köstliche Desserts (So geschl.).

- Via Castello 2 | Pordenone
  Tel. 043 42 86 58
  www.laveciaosteriadelmoro.it

BELLUNO 21 K4

Das nette Städtchen (36 000 Einw.) ist das Zentrum der nördlichsten Provinz des Veneto. Die Altstadt liegt auf einem Bergsporn über dem Zusammenfluss von Piave und Ardo. Einst befanden sich an diese Stelle ein römisches Bollwerk und ein byzantinisches Kastell. Im historischen Zentrum ist die im 16. Jh. angelegte **Piazza dei Martiri** herausragend schön. Durch ein Renaissancetor gelangt man in den alten Stadtkern, der aus der **Via Mezzaterra** mit zwei Parallelstraßen besteht. Stimmungsvoll ist auch die **Piazza Mercato,** früher nach ihrer Lage über dem römischen Forum Piazza del Foro genannt.

Auf einer Terrasse über dem Piave liegt die **Piazza del Duomo** mit ihren monumentalen Bauten: der **Dom** mit dem barocken Campanile (7. Jh. und 16.–18. Jh.) und der Bischofspalast (rekonstruiert 1875), zu dem der mittelalterliche Stadtturm gehörte. Der schöne **Palazzo dei Rettori** von 1491 wurde im 16. Jh. um die rechten Achsen und den Uhrturm erweitert.

Belluno ist der ideale Ausgangspunkt für Touren in die zum UNESCO-Weltnaturerbe gehörenden **Dolomiti Bellunesi** > S. 148 und die ebenfalls wunderschönen **Dolomiti Friulane** > S. 148.

INFO

IAT

- Piazza Duomo 2
  32100 Belluno
  Tel. 33 42 81 32 22
  www.infodolomiti.it

HOTELS

Villa Carpenada €€€

Die Villa aus dem 18. Jh. liegt ruhig in einem Wald, etwas außerhalb von Belluno in Richtung Feltre.

- Via Mier 158
  Belluno
  Tel. 04 37 94 83 43
  www.hotelvillacarpenada.it/it

Azienda Sant'Anna €–€€

Das wunderschöne historische Bauernhaus bietet ein grandioses Dolomitenpanorama und hübsch eingerichtete Zimmer. Außerdem wird ein frei stehendes Ferienhaus vermietet.

- Pedecastello 27
  Belluno
  Tel. 043 72 74 91
  www.aziendasantanna.it

Karte S. 122

RESTAURANT

La Taverna €€

Die gemütliche Osteria in der Altstadt bietet traditionelle Küche (So geschl.).

- Via Cipro 7 | Belluno
  Tel. 043 72 51 92
  www.ristorantetaverna.it

AUSFLUG IN DIE DOLOMITEN 22

Nur wenige mit dem Auto befahrbare Routen führen durch den **Parco Nazionale Dolomiti Bellunesi** › S. 37, dessen majestätische Natur in erster Linie Wanderern zugänglich ist. Bei diesen beliebt sind die Täler Val di Canzoi und Val Falcina. Tourenvorschläge, Infos über Flora und Fauna und das Öko-Management gibt es im Nationalparkzentrum in Belluno oder unter www.dolomitipark.it.

Auch die **Dolomiti Friulane,** die zum UNESCO-Weltnaturerbe zählen, sind bisher touristisch kaum erschlossen und bieten Wanderern einzigartige Naturerlebnisse. Ausgangspunkt vieler Touren ist der Bergort **Cimolais** 23 M3, 28 km nordöstlich von Belluno und Sitz des Parco Naturale delle Dolomiti Friulane, der mit Tipps weiterhilft (Via Roma 4, Tel. 042 78 73 33, www.parcodolomitifriulane.it). Sehenswert und gut zu erreichen (mautpflichtige Straße, dann teils steiler Wanderweg) ist der 2173 m hohe **Campanile di Val Montanaia,** dessen Gipfel eine 300 m hohe, markante Felssäule bildet.

INFO

Parco Nazionale Dolomiti Bellunesi

- Piazzale Zancanaro 1
  32032 Feltre | Tel. 0439 33 28
  www.infodolomiti.it

Einsame Berglandschaften erwarten Wanderer in den Dolomiti Friulane

EXTRA-TOUREN

Panoramablick mit den
Karnischen Alpen

TOUR 13

VOM GARDASEE AN DIE ADRIA IN ZEHN TAGEN

ROUTE: Riva del Garda > Malcesine > Bardolino > Sirmione > Verona > Soave > Vicenza > Padua > Monselice > Rovigo > Chioggia > Venedig

KARTE: Klappe hinten
DISTANZEN: **Riva del Garda** > **Malcesine** 17 km, 30 Min.; **Malcesine** > **Bardolino** 31 km, 45 Min.; **Bardolino** > **Sirmione** 42 km, 1 Std.; **Sirmione** > **Verona** 45 km, 45 Min.; **Verona** > **Soave** 31 km, 40 Min.; **Soave** > **Vicenza** 33 km, 40 Min.; **Vicenza** > **Padua** 54 km, 45 Min.; **Padua** > **Monselice** 28 km, 30 Min.; **Monselice** > **Rovigo** 25 km, 25 Min.; **Rovigo** > **Chioggia** 70 km, 1 Std. 10 Min.; **Chioggia** > **Venedig** 55 km, 1 Std. 30 Min.
VERKEHRSMITTEL: Am bequemsten bewaltigen Sie diese Tour mit dem Auto. Mit öffentlichen Verkehrsmitteln können Sie von Verona bis Venedig die Verbindungen der italienischen Eisenbahn nutzen, deren Fahrpläne unter www.trenitalia.com (auch auf Engl.) im Internet zu finden sind. Am Ostufer des Gardasees verkehren Busse im Stunden- bis Halbstundenrhythmus; an den Wochenenden sind die Verbindungen allerdings eingeschränkt (www.atv.verona.it).

Die rund 430 km lange Genusstour von den Alpen an die Adria beginnt am Ostufer des **Gardasees** > S. 102 mit einer kurvenreichen Fahrt von **Riva del Garda** > S. 102 über das malerische **Malcesine** > S. 103 und das Weinstädtchen **Bardolino** > S.104 in das von den Scaligern mächtig befestigte **Sirmione** > S. 104 an der Südwestspitze des Sees. Der erste Tag endet in **Verona** > S. 91.

Der zweite und mindestens der halbe dritte Tag gehören der Stadt mit der imposanten Arena und den Erinnerungen an Romeo und Julia. Nach dem Sightseeing verführen zahllose Geschäfte zum Shopping. Tag vier steht im Zeichen von Wein, Grappa und Palladio: Über **Soave** > S. 105, wo verschiedene *cantine* zur Verkostung laden, erreichen Sie **Vicenza** > S. 106, die Stadt, die Andrea Palladio mit einem grandiosen Theater schmückte und in deren Umgebung Villen von klassischer Schönheit zu besichtigen sind. Wer Zeit hat, sollte noch einen Abstecher nach **Bassano del Grappa** > S. 115 machen, nicht nur des hübschen Ortsbilds wegen.

Am fünften Tag wenden Sie sich mediterranen Gefilden zu: Für eine Besichtigung der Giottofresken in der Cappella degli Scrovegni in **Padua** > S. 74 müssen Sie sich mindestens einen Tag vorher anmelden. Die Kapelle und die vielen anderen Sehenswürdigkeiten Paduas wie auch die von Studenten geprägte Atmosphäre der Stadt können Sie zwei Tage genießen. Schließlich geht es vorbei an den Hügeln der **Colli Euganei** › S. 52 zunächst ins wehrhaft befestigte **Monselice** › S. 82. In **Rovigo** › S. 54 erreichen Sie die flache, von vielen Flussarmen gebildete Landschaft des Podeltas, ein Vogelparadies, wo Sie eine Übernachtung in der eleganten Tenuta Ca' Zen › S. 55 einplanen sollten.

Die Scaligerburg wacht über Sirmione

Ziel des achten Tages ist **Chioggia** › S. 73, Venedigs kleine Schwester, wo die historischen Bauten am Corso Popolo mit den *stabilimenti* des Seebads auf der Landzunge Sottomarina konkurrieren. Nach einem erholsamen Tag am Strand geht es per Bahn, Auto oder Boot in die Lagunenstadt **Venedig** › S. 58. Für die Königin der Adria sollte man mindestens zwei Tage einplanen.

TOUR 14

VON DER ADRIA IN DIE ALPEN IN EINER WOCHE

ROUTE: Triest › Duino › Aquileia › Grado › Portogruaro › Caorle › Treviso › Conegliano › Vittorio Veneto › Pordenone › Udine › Cividale › Tolmezzo

KARTE: Klappe hinten
DISTANZEN: **Triest** › **Duino** 18 km, 30 Min.; **Duino** › **Aquileia** 36 km, 40 Min.; **Aquileia** › **Grado** 12 km, 15 Min.; **Grado** › **Portogruaro** 71 km, 1 Std. 15 Min.; **Portogruaro** › **Caorle** 29 km, 45 Min.; **Caorle** › **Treviso** 82 km, 1 Std. 15 Min.; **Treviso** › **Conegliano** 32 km, 35 Min.; **Conegliano** › **Vittorio Veneto** 18 km, 20 Min.; **Vittorio Veneto** › **Pordenone** 45 km, 35 Min.; **Pordenone** › **Udine** 63 km, 1 Std. 25 Min.; **Udine** › **Cividale del Friuli** 18 km, 40 Min.; **Cividale del Friuli** › **Tolmezzo** 66 km, 1 Std.
VERKEHRSMITTEL: Am besten fährt man die Tour mit dem Auto, sonst muss man Bus- und Bahnfahrten kombinieren (www.trenitalia.com, auch in Engl.). Über die jeweiligen Busverbindungen informieren die Touristeninformationen vor Ort.

An klaren Tagen können Sie die oft noch im Frühsommer schneebepuderten Gipfel der Karnischen Alpen sehen, Ziel dieser 490 km langen Tour von **Triest** › S. 127 aus! Der erste Tage gehört der Hafenstadt mit K.-u.-k.-Flair, mediterraner Leichtigkeit sowie einem reizvollen Völker- und Kulturengemisch. Die erste Etappe des zweiten Tages führt am Zuckerbäckerschloss **Miramare** › S. 133 vorbei bis **Duino** › S. 133, das Rainer Maria Rilke 1912 zu den »Duineser Elegien« inspirierte. In **Aquileia** › S. 72 taucht man ein in die römische und mittelalterliche Geschichte – ein Besuch der frühchristlichen Mosaiken in Santa Maria Assunta ist Pflicht. Am Ende des Tages finden Sie in **Grado** › S. 70 Strand, Meer, Lagunen und exzellente Restaurants.

Der dritte Tag beginnt mit einen Stopp in **Portogruaro** › S. 56, dann wird der nächste Badeort, **Caorle** › S. 69, angesteuert. Ruhe bietet das Städten in der Kathedrale. Abstand zum Baderummel gewinnen Sie in der zauberhaften Altstadt von **Treviso** › S. 143.

Über **Conegliano** › S. 145 und **Vittorio Veneto** › S. 145, der zweiten Heimat des Prosecco, geht es am vierten Tag weiter gen Norden. **Pordenone** › S. 146 mit dem originellen Rathaus bietet sich zur Rast an, bevor Sie die Tour auf der Strecke über Spilimbergo nach **Udine** › S. 138 fortsetzen. Am fünften Tag erkunden Sie die venezianisch geprägte Hauptstadt Friauls.

Ab in die Berge führt die Tour am sechsten Tag. In **Cividale del Friuli** › S. 137 sollten Sie sich Zeit nehmen für die Begegnung mit der Kultur der geheimnisvollen Langobarden, die von hier aus ihr oberitalienisches Reich regierten. Der letzte Tourabschnitt bis **Tolmezzo** › S. 142 führt entlang des Tagliamento hinein in die majestätische Bergwelt der Karnischen Alpen.

Über der Altstadt von Conegliano ragt der zinnenbewehrte Turm des Castelvecchio empor

INFOS VON A–Z

ÄRZTLICHE VERSORGUNG

Gesetzlich Versicherte haben Anspruch auf kostenlose medizinische Behandlung gegen Vorlage einer Europäischen Krankenversicherungskarte. Quittungen über erbrachte Leistungen und Medikamente werden von den Kassen zurückerstattet. Wer sichergehen will, sollte eine private Auslands-Reisekrankenversicherung abschließen.

BARRIEREFREIES REISEN

Holprige Altstadtgassen und vor allem die vielen Treppenauf- und -abgänge an den Brücken in Venedig stellen Rollstuhlfahrer und Gehbehinderte vor große Probleme. Über behindertengerechte Hotels informieren die Hotelverzeichnisse der jeweiligen Regionen.

DIPLOMATISCHE VERTRETUNGEN

- **Deutsches Konsulat**
  Palazzo Condulmer, Santa Croce 251, 30135 Venedig, Tel. 04 15 23 76 75, venedig@hk-diplo.de
- **Österreichische Konsulate**
  Palazzo Condulmer, Santa Croce 251, 30135 Venedig, Tel. 04 15 24 05 56, consolato.austria@zoppas.com; Camera di Commercio, Piazza della Borsa 14, 34121 Triest, Tel. 04 02 41 90 98, consolatoaustria.ts@gmail.com; Piazza Broilo 3, 37121 Verona, Tel. 04 58 01 02 92, puntigam@puntigam.it
- **Schweizer Konsulat**
  Campo S. Agnese, Dorsoduro 810, 30123 Venedig, Tel. 04 15 22 59 96, venezia@honrep.ch

GESETZLICHE FEIERTAGE

- 1. Januar (Neujahr)
- 6. Januar (Hl. Drei Könige)
- Ostermontag
- 25. April (Tag der Befreiung)
- 1. Mai (Tag der Arbeit)
- 2. Juni (Tag der Republik)
- 15. August (Ferragosto)
- 1. November (Allerheiligen)
- 8. Dezember (Unbefleckte Empfängnis)
- 25./26. Dezember (Weihnachten)

GELD

An zahlreichen Bankautomaten kann man mit der EC-/Maestro-Karte rund um die Uhr problemlos Bargeld abheben. Die meisten Hotels, Restaurants, und Geschäfte akzeptieren Kreditkarten.

INFORMATIONEN

Erhält man beim staatlichen italienischen Fremdenverkehrsamt (ENIT):

- **Deutschland (auch für die Schweiz zuständig):**
  60325 Frankfurt/M., Barckhausstr. 10, Tel. 069/23 74 34, www.enit.de
- **Österreich:**
  1060 Wien, Mariahilferstr. 1b, Tel. 01/505 16 39, www.enit.at
- In Italien gibt es in allen größeren Orten Informationsbüros für Touristen: **APT, IAT, Infopoint, Pro Loco.**

INTERNET

Die meisten Hotels stellen ihren Gästen kostenloses WLAN zur Verfügung. Viele Hauptplätze sind ebenfalls mit WLAN (WiFi) ausgestattet, sodass man auch dort in der Regel problemlos und kostenlos ins Netz gehen kann.

KRIMINALITÄT

Da weder das Veneto noch Friaul Ziele des Massentourismus sind, muss man hier im Allgemeinen keine Angst vor Trickdieben und Autoknackern haben.

In den großen Städten Venedig, Verona, Padua und Triest allerdings sollte man sein Auto besser auf einem bewachten Parkplatz oder (über Nacht) in der Hotelgarage abstellen und Wertsachen niemals im Auto lassen!

NOTRUF

- EU-Notruf (Polizei, Rettungsdienst, Feuerwehr): Tel. 112
- Pannendienst des ACI: Tel. 80 31 16
- Seenotrettung: Tel. 15 30

ÖFFNUNGSZEITEN

- Geschäfte machen in der Regel eine lange Mittagspause, meist von 12.30 bis 15.30 Uhr. Abends sind sie dann bis 19.30 Uhr geöffnet, auch samstags.
- Banken sind Mo–Fr 8.30–13.30 und 15–16 Uhr geöffnet.
- Postämter Mo–Fr 8.30–14, Sa bis 13 Uhr.
- Viele Kirchen sind nur während der Messen zugänglich. Währenddessen sind Besichtigungen nicht gestattet. Nehmen Sie unbedingt Rücksicht auf die Gläubigen!

PARKEN

Die Innenstädte sind teilweise für Privatfahrzeuge gesperrt. Befolgen Sie die Ein- und Durchfahrverbote unbedingt, denn es drohen hohe Geldstrafen, die auch außerhalb Italiens eingetreiben werden! Die meisten Stellflächen sind gebührenpflichtig (stundenweise, am Automaten zu bezahlen). In Venedig lassen sich Autos in einer der Parkgaragen am Piazzale Roma abstellen (Onlinereservierung: www.avmspa.it). Bewachte Parkplätze sind bei voll bepacktem Auto unbedingt zu empfehlen.

QUITTUNGEN

Bei Dienstleistungen (Restaurants, Autowerkstätten etc.) muss die Mehrwertsteuer (IVA) enthalten sein. Quittungen muss man laut Gesetz kurzzeitig aufbewahren, um sie bei Kontrollen der Finanzpolizei vorlegen zu können. Sonst wird eine Geldstrafe fällig.

TELEFON

Vereinzelt gibt es noch öffentliche Telefone. Sie funktionieren mit Telefonkarte *(carta telefonica)*, die man bei den *tabacchi*, in Bars, Kiosken und den Filialen der Telecom Italia kaufen kann. Die Ortsvorwahl ist fester Bestandteil der Telefonnummer und muss auch bei Ortsgesprächen samt »0« immer mitgewählt werden! Mobilnummern fangen nicht mit »0«, sondern meist mit »3« oder »6« an. Die Netzversorgung für Handys ist fast überall gewährleistet.

Internationale Vorwahlen:

- Deutschland 00 49
- Österreich 00 43
- Schweiz 00 41
- Italien 00 39

ZOLL

Innerhalb der EU sind Geschenke und Mitbringsel zollfrei. Bei Waren für den persönlichen Gebrauch gelten folgende Richtmengen: 800 Zigaretten, 10 l Spirituosen, 90 l Wein pro Person. Bargeld über 10 000 € muss deklariert werden.

Für Schweizer: 200 Zigaretten, 1 l Spirituosen, 2 l Wein, Mitbringsel bis zum Wert von 300 CHF.

URLAUBSKASSE

• Tasse Espresso (al bar/al tavolo):	1,50/3 €
• Softdrink (al bar/al tavolo):	2,60/4 €
• Glas Wein, 0,1l (al bar/al tavolo):	2/3 €
• Panino, Pizza:	2,50–4 €
• Eis (Kugel):	1 €
• Taxifahrt (Kurzstrecke 4–6 km):	15 €
• Mietwagen/Tag:	ab 40 €

REGISTER

BILDNACHWEIS

Coverfoto: Schatten der Arche Scaglieri auf dem Gebäude der Administrazione della Provincia, Verona © Jahreszeiten Verlag/Langlotz, Tim

Fotos Umschlagrückseite: Huber Images/Piai, Arcangelo (links); Getty Images/GMVozd (Mitte); plainpicture/Westend61/Perugini, William (rechts)

Alamy/bozac: 120; Fotolia/enrico5: 56; Fotolia/Radlgruber, Jakob: 71; Gemeinfrei: 64; Getty Images/AGF/De Simone, Lorenzo: 78; Getty Images/De Agostini: 22; Getty Images/De Agostini Picture Library: 131; Getty Images/DEA /Giannella, V.: 32/33; Getty Images/GMVozd: 14; Getty Images/Graham, Tim: 17; Getty Images/Lonely Planet: 66; Huber Images/Colin Dutton: 18; Huber Images/Croppi, Gabriele: 113; Huber Images/da Ros, Luca: 46/47; Huber Images/dall'Arche, G.: 101; Huber Images/Fantuz, Olimpio: 10, 38; Huber Images/Gaudenzio, L.: 148; Huber Images/Huber, Johanna: 29, 53, 86, 114, 137; Huber Images/Piai, Arcangelo: 6/7, 149; Huber Images/Raccanello, Sandra: 9; Huber Images/Renier, Stefano: 129; Jahreszeiten Verlag/Langlotz, Tim: 93, 94, 151; Jahreszeiten Verlag/Spörl, Lukas: 59; Köthe, Friedrich & Schetar, Daniela: 8, 27; laif/Bibel, Nora: 12; laif/Gerber, Tobias: 85; laif/robertharding/Forster, Stuart: 73; laif/Steinhilber, Berthold: 103; LOOK-foto/age fotostock: 111; mauritius images/Alamy: 19; mauritius images/CuboImages: 143; mauritius images/ib/Handl, Christian: 133; mauritius images/United Archives: 41; Pixelio/Dobrindt, Jeanette: 62; plainpicture/Westend61/Perugini, William: 20/21; Schapowalow/Pavan, Aldo: 83, 152; Seasons Agency/Gräfe & Unzer Verlag/von Felbert, Peter: 45; Shutterstock/Cristea, Emi: 98; Shutterstock/Ionut, David: 109; Shutterstock/kavalenkava: 13; Shutterstock/kavram: 16; Shutterstock/milosk50: 139; Shutterstock/Mordechai, Eli: 134; Shutterstock/zakaz86: 117; stock.adobe.com/bepsphoto: 15; Unsplash/Rampazzo, Pietro: 48; von Loeffelholz, Sabine: 75; Wagner, Hanna: 77.

Liebe Leserin, lieber Leser,
wir freuen uns, dass Sie sich für diesen POLYGLOTT on tour entschieden haben. Unsere Autorinnen und Autoren sind für Sie unterwegs und recherchieren sehr gründlich, damit Sie mit aktuellen und zuverlässigen Informationen auf Reisen gehen können. Dennoch lassen sich Fehler nie ganz ausschließen. Wir bitten Sie um Verständnis, dass der Verlag dafür keine Haftung übernehmen kann.

Ihre Meinung ist uns wichtig. Bitte schreiben Sie uns:

GRÄFE UND UNZER VERLAG
Postfach 86 03 66, 81630 München, Tel. 0 89 / 419 819 41
www.polyglott.de

LESERSERVICE
polyglott@graefe-und-unzer.de
Tel. 0 800 / 72 37 33 33 (gebührenfrei in D, A, CH), Mo–Do 9–17 Uhr, Fr 9–16 Uhr

1. Auflage 2019

Dieses Buch wurde auf chlorfrei gebleichtem Papier gedruckt.
ISBN 978-3-8464-0463-8

Verlagsleitung: Grit Müller
Verlagsredaktion: Anne-Katrin Scheiter
Autoren: Heidrun Reinhard, Daniela Schetar, Friedrich Köthe
Redaktion: Renate Nöldeke
Bildredaktion: Stephanie Weikert
Mini-Dolmetscher: Langenscheidt
Umschlaggestaltung & Layout: Independent Medien Design, München Horst Moser (Artdirection), Lucie Heselich
Karten und Pläne: Theiss Heidolph und Kunth Verlag GmbH & Co. KG
Herstellung: Anna Bäumner, Gloria Schlayer
Druck und Bindung: Printer Trento, Italien

PEFC
PEFC/18-31-506

GRÄFE UND UNZER

Ein Unternehmen der
GANSKE VERLAGSGRUPPE

MINI-DOLMETSCHER ITALIENISCH

ALLGEMEINES

Guten Tag.	Buongiorno. [buon**dscho**rno]
Hallo!	Ciao! [**tscha**o]
Wie geht's?	Come sta? [**ko**me sta]
Danke, gut.	Bene, grazie. [**bä**ne **gra**zje]
Ich heiße ...	Mi chiamo ... [mi kj**a**mo]
Auf Wiedersehen.	Arrivederci. [arriwe**der**tschi]
Morgen	mattina [mat**ti**na]
Nachmittag	pomeriggio [pome**ri**dscho]
Abend	sera [**ß**era]
Nacht	notte [**no**tte]
morgen	domani [do**ma**ni]
heute	oggi [**o**dschi]
gestern	ieri [**jä**ri]
Sprechen Sie Deutsch?	Parla tedesco? [**par**la te**des**ko]
Wie bitte?	Come, prego? [**ko**me **prä**go]
Ich verstehe nicht.	Non capisco. [non ka**pis**ko]
Sagen Sie es bitte nochmals.	Lo può ripetere, per favore. [lo puo ri**pä**tere per fa**wo**re]
..., bitte.	..., per favore. [per fa**wo**re]
danke	grazie [**gra**zje]
Keine Ursache.	Prego. [**prä**go]
was / wer / welcher	che / chi / quale [ke / ki / ku**a**le]
wo / wohin	dove [**do**we]
wie / wie viel	come / quanto [**ko**me / ku**an**to]
wann / wie lange	quando / quanto tempo [ku**an**do / ku**an**to **täm**po]
warum	perché [per**ke**]
Wie heißt das?	Come si chiama? [**ko**me ßi kj**a**ma]
Wo ist ...?	Dov'è ...? [do**wä**]
Können Sie mir helfen?	Mi può aiutare? [mi puo aju**ta**re]
ja	sì [ßi]
nein	no [no]
Entschuldigen Sie.	Scusi. [**sku**si]
Gibt es hier eine Touristeninformation?	C'è un ufficio di turismo qui? [**tschä** un uf**fi**tscho di tu**ris**mo ku**i**]
Haben Sie einen Stadtplan?	Ha una pianta della città? [a **u**na pj**an**ta **del**la tschit**ta**]
Wann ist ... geöffnet?	A che ora è aperto (m.) / aperta (w.) ...? [a **ke o**ra ä a**pär**to / a**pär**ta]
das Museum	il museo (m.) [il mu**se**o]

SHOPPING

Wo gibt es ...?	Dove posso trovare ...? [**do**we **po**sso tro**wa**re]
Wie viel kostet das?	Quanto costa? [ku**an**to **kos**ta]
Wo ist eine Bank?	Dov'è una banca? [do**wä** una **bang**ka]
Ich suche einen Geldautomaten.	Dove posso trovare un bancomat? [**do**we **po**sso tro**wa**re un bangko**mat**]
Geben Sie mir 100 g Käse / zwei Kilo Pfirsiche	Mi dia un etto di formaggio / due chili di pesche. [mi **di**a un **ät**to di for**ma**dscho / **du**e **ki**li di **päs**ke]
Wo kann ich telefonieren / eine Telefonkarte kaufen?	Dove posso telefonare / comprare una scheda telefonica? [**do**we **po**sso telefo**na**re / kom**pra**re una **ske**da tele**fo**nika]

ESSEN UND TRINKEN

Die Speisekarte, bitte.	Il menu per favore. [il me**nu** per fa**wo**re]
Brot	pane [**pa**ne]
Kaffee	caffè / espresso [kaf**fä** / es**präs**so]
Tee	tè [tä]
mit Milch / Zucker	con latte / zucchero [kon **lat**te / **zuk**kero]
Orangensaft	succo d'arancia [**suk**ko da**ran**tscha]
Mehr Kaffee, bitte.	Un altro caffè, per favore. [un **al**tro kaf**fä** per fa**wo**re]
Suppe	minestra [mi**näs**tra]
Nudeln	pasta [**pas**ta]
Fisch / Meeresfrüchte	pesce / frutti di mare [**pe**sche / **fru**tti di **ma**re]
Fleisch	carne [**kar**ne]
Geflügel	pollame [pol**la**me]
Beilage	contorno [kon**tor**no]
vegetarische Gerichte	piatti vegetariani [pj**at**ti wedschetar**ja**ni]
Ei	uovo [u**o**vo]
Salat	insalata [inßa**la**ta]
Dessert	dolci [**dol**tschi]
Obst	frutta [**fru**tta]
Eis	gelato [dsche**la**to]
Wein	vino [**wi**no]
Bier	birra [**bir**ra]
Wasser	acqua [**a**kua]
Mineralwasser	acqua minerale [**a**kua mine**ra**le]
mit / ohne Kohlensäure	gassata / naturale [gas**sa**ta / natu**ra**le]
Ich möchte bezahlen.	Il conto, per favore. [il **kon**to per fa**wo**re]

MEINE ENTDECKUNGEN

Teilen Sie Ihre Entdeckungen auf facebook.com/Polyglottreisewelt.

CHECKLISTE VENETIEN & FRIAUL

Nur da gewesen oder schon entdeckt?

- [ ] **INSEL-HOPPING**
Es gibt kaum eine entspanntere Art, den Alltag in der Lagune zu erleben, als bei einer kombinierten Tour mit Rad und Fährschiffen zwischen Lido di Venezia und Chioggia. › S. 12

- [ ] **WENN IN VENEDIG DIE SONNE UNTERGEHT**
… haben Sie hoffentlich einen Logenplatz auf der Terrasse des Lineadombra, den Sprizz in der Hand und den Blick auf die Guidecca, die rot, rosé und pink aufleuchtet. › S. 16

- [ ] **WINTERMÄRCHEN**
Am besten lässt man sich im Hundeschlitten durch die traumhafte Schneelandschaft des Friaul ziehen. › S. 13

- [ ] **SELTENE DELIKATESSE**
Die weißen Canestrelli-Muscheln schmecken in Caorle sowohl gebacken als auch frittiert. › S. 15

- [ ] **AGRITURISMO MAL ANDERS**
La Subida bei Cormons definiert Wohnen auf dem Bauernhof neu, denn die Mischung aus ländlichem Dekor und modernem Design zeugt von erlesenem Geschmack. › S. 136

- [ ] **GENIESTREICH**
Palladios Villa Foscari punktet in formvollendeter Eleganz am Brentakanal. › S. 52

- [ ] **WEIN VERKOSTEN**
Italienisch-leicht und slowenisch-erdig schmeckt der »Collio« von Edi Keber. › S. 119

MITBRINGSEL

- **Augenschmaus:** Kostbar sieht das handgeschöpfte Papier von Il Prato in Venedig aus. › S. 17
- **Traubenkur:** Intensiv ist das Aroma von Joško Sirks Essig. › S. 17